世說中國

中国的**冠婚葬祭**

丁秀山 著

李艳丽 译

商务印书馆
The Commercial Press

丁秀山

中国の冠婚葬祭

東方書店

根据东方书店 1994 年版译出

目录 Contents

年中行事 / 1

    寒山寺的除夕钟声 / 1

    腊月之城 / 4

    喜庆的春联 / 6

    桃符的起源 / 10

    孔子与对联 / 13

    讨个吉利过年 / 16

    街上的传统游戏 / 21

    春节的由来 / 22

    "年"的传说 / 23

    除夕夜守岁的传说 / 25

灶王奶奶与除夕 / 27

元宵节 / 30

由泄愤生出的灯谜 / 33

十五夜的"元宵" / 36

挂灯笼的传说 / 39

少数民族的春节 / 42

二月二，龙抬头 / 50

炒豆救龙 / 53

三月三，王母娘娘过寿辰 / 55

"三月会"的传说 / 57

清明节扫墓 / 59

清明插柳的由来 / 61

四月八日浴佛节 / 65

端午节 / 67

白蛇传 / 73

粽子与赛龙舟 / 76

招待出嫁女儿的习俗 / 80

七夕姑娘 / 83

牛郎与织女 / 85

七仙女织女 / 89

盂兰盆会 / 91

中秋节 / 96

月饼的故事 / 100

重阳节 / 104

冬至吃饺子 / 108

腊八粥 / 110

祭灶神 / 113

灶神与杂粮面 / 116

婚礼与葬礼 / 123

婴儿诞生 / 123

虎头鞋的传说 / 128

三媒六证 / 133

传统婚礼 / 139

盖头红的故事 / 147

三天回门 / 154

冥婚 / 155

现代婚礼 / 157

戒指的传说 / 165

祝寿 / 166

临终 / 171

为亡者烧纸的由来 / 176

讣告 / 178

迎接亡灵后再次送亡灵 / 182

可与大名队列匹敌的送葬队伍 / 185

土葬的规矩 / 189

现代葬礼 / 193

牌位葬礼 / 197

后 记 / 202

清明节扫墓

年中行事

寒山寺的除夕钟声

有一年的除夕夜，日本电视台直播介绍了世界各国的除夕风景。美国、英国、法国等国家或许是因为刚刚度过圣诞节这一西方最盛大的节日，整个城市都没有特别隆重的新年活动。电视台似乎原本也没有什么期待，而是迫不及待地想"看看我们的邻国中国的风景"，便早早地将镜头切换到北京天安门前的长安街。

未曾想到，月色之下只有两辆自行车静悄悄地骑过。随后，镜头扫过北海公园，结冰的湖面上有一些滑冰的年轻人的身影。然后，就是在学校老师家里吃年夜饭的场面，仅此而已。

第二年，电视台换了一个方式，在聆听日本各地的除夕夜钟声的同时转播苏州寒山寺撞钟的风景。可是，那吊绳与撞木（钟杵）分明是崭新的，甚至连撞钟的和尚的动作都十分生硬，看着就像是日本电视台定制的表演似的。即便是寒山寺的除夕夜撞钟，因为中日之间有着一小时的时差，在日本听到除夕钟声时苏州才刚刚十一点，又何来撞钟？

最近，每到岁末，日本便会组织前往寒山寺听除夕钟声的旅行，数十个团体、上千人的日本游客涌向苏州。一到除夕，寺庙内外便挤满了日本游客，寺外则是黑压压的中国人群。不过，与其说是来聆听除夕钟声，还不如说是为了"参观"前来听钟声的日本人而聚集在一起。

对于阳历年的跨年夜钟声，中国人只不过当作日历上年份更替的报时。真正要听的是农历的除夕夜钟声。

除夕撞钟，始自宋代。按照佛教的说法，这世上有108个烦恼，而每听一声除夕钟声就可以消除一个烦恼。据说除夕夜如果听了108声撞钟，那么来年就能万事如意。这一习俗在镰仓时代①以后传入了日本。

寒山寺的钟楼

---

① 镰仓时代，12世纪末—14世纪初（元弘三年/正庆二年）是日本史上幕府设在镰仓（现在的神奈川县镰仓市）的时代，是日本历史的时代区分之一。本书中的页下注均为译者注，下同，略。

腊月之城

中国的民间习俗,不仅仅是除夕夜钟声,几乎所有的活动都是按照农历来进行的。新历的正月,只有1月1日是政府规定的节假日,也没有什么特别的庆祝仪式。正式的庆典是在旧历的正月,也就是春节。

春节俗称"过年",是中国民间习俗中最盛大、最热闹的传统节日。有一首古老的歌谣描绘了迎接春节与岁末忙碌的风景:

> 二十三糖瓜祭灶送上天,
>
> 二十四扫屋子,
>
> 二十五做豆腐,
>
> 二十六刀割肉,
>
> 二十七杀只鸡,
>
> 二十八蒸馍馍,
>
> 二十九筛香炉,
>
> 三十晚上点灯笼。

当(腊月)二十三日举行送灶王爷上天的仪式"过小

年"①之后,大街小巷的腊月氛围便逐渐浓厚起来。好多地方都设置了正月用品专卖场,顾客盈门,争相购买食物饮料等物品。民间常说,从初一到初五如果使用刀具、剪刀等铁器将会带来不幸,所以正月里的食物必须提前做好,到时候只做简单的加热或翻炒就行。

北方以面粉为主食,多蒸制馒头,有小豆馅儿的、大枣的,还专门为孩子准备了上了色的刺猬、寿虫②、兔子、鸡等动物造型的面点。

在正月用品的购物中,孩子们最喜欢的当属风筝、陀螺、年画,以及除夕夜为驱除厄运、迎接新年的爆竹等。

年画是春节里室内装饰不可或缺的,大多是怀抱鲤鱼茁壮成长的幼儿、喜获丰收的农民等,或者以历史上的人物、民间熟悉的传说为主题的绘画。山东的潍坊、天津的杨柳青、苏州的桃花坞是著名的三大产地,拥有三百多年的历史。

---

① 农历腊月二十四日(或二十三日),中国民间称为过小年,是祭祀灶君的节日。中国民间传说这一天灶王爷要升天向玉皇大帝汇报一家功过,辞灶便是送灶王爷起程。

② 龙的变形。

关于放爆竹的习俗，据说早在战国时代的楚国，就有在正月里举行驱逐恶鬼的仪式。最初的爆竹，正如其名，是燃烧干燥的竹子发出声响。到了唐代，开始在竹子上做文章，形成了一定的模式，称之为"爆竹"。南宋，随着火药的发明，用纸或布紧紧卷上火药便制成了爆竹。放爆竹并不限于春节，婚礼、乔迁、节日及游戏中都会使用到。

年画：莲生贵子、富贵有鱼
（人丁兴旺，富贵盈余。莲取意于"莲"，"鱼"同"余"）

喜庆的春联

除夕日，一大早就开始紧锣密鼓地布置新年。在房间的墙壁上贴上年画、大厅里挂上家谱和财神的挂轴；布置祭坛，左右两边摆上插了红烛的蜡烛台，正中为香炉，将供品一一摆好。院子里也同样设置了天神地神的祭坛。

财神,一说是道士赵玄坛(也称赵公明)及其部下"招财""进宝""利市""纳珍"四人合为一体的"五显财神"。还有传说,一个伍姓的五兄弟是义贼,劫富济贫,助人解困,后来被官府拘捕处刑。受到恩惠的百姓害怕被官府发现,便以"五显财神"的名义祭奠他们。在很多人家里,祭拜的是文财神与武财神二人。文,是比干的化身。比干是殷朝纣王的叔父,官丞相。因直谏纣王暴虐,被纣王命剖心以示忠诚而死。武,是《三国志》中关羽的化身。文武二人都是深受百姓敬仰的人物。

此外,在大门、中门及窗户两侧贴上写有对仗的红纸——"春联"。这些春联可以自己写,也可以在街上购买。对仗的诗句各式各样,一般都是吉利的话:

> 日月星三光并照,
> 天地人一体同春。

> 财如晓日腾云起,
> 利似春潮带雨来。

版画：财神

从前，官宦人家贴"国恩家庆，人寿年丰"、学者人家贴"忠厚传家久，诗书继世长"、商人之家贴"生意兴隆通四海，财源茂盛达三江"等反映各家门第的春联。

黄金万两

门楣处也贴上红纸，横向书写吉利的四字，是为"横批"。在其下方，挂上红纸剪成的"挂钱"①。将正方形的红纸斜着贴在房间的门与墙上，就像菱形一样，上面写上文字，这是"斗方"②。另外，还会倒着贴上"福"字。因为"福倒了"与"福到了"的发音相同，寓意福到了。

招财进宝

日进斗金

---

① 挂钱，是中国北方地区贴在门楣、房檐上的一种传统剪纸艺术。也称"挂签""挂千""吊钱""过门笺""门吊子"，是中国民间刻（剪）纸艺术品中的一种。由于图案清晰绚丽，花纹细腻精美，又因图案多为古钱状，故古人将其称为"挂钱"。

② 斗方，中国书画装裱样式之一。指一或二尺见方的书画或诗幅页。尺幅较小，一般指25厘米—50厘米见方的书画作品。民间年画中，把这种尺寸和形式的作品也称作"斗方"。现年画中亦有斗方的体式。

除了在大门两侧贴春联外,有的人家还会在左右两扇门上贴上门神的绘画。这些春联就这么贴着直到自然脱落为止,等到了下一年的正月时再重新写了贴上。

桃符的起源

贴春联的风俗,来自这么一个传说。

很久很久以前,在东海的度朔山①桃林里有一棵很大的桃树,树下有一间石头小屋,住着神荼与郁垒两兄弟。二人都是大力士,猛兽被他们驯服,老虎替他们守护森林。兄弟俩在这片桃林中出生,幼年时父母双亡,全靠着吃野生桃子过活长大,因此对桃林感情很深,特别珍惜。若是遇到干旱,便去运来泉水浇灌;遇到虫害,便一只一只小心翼翼地捉去,悉心照看桃林,辛勤劳作。

所有的辛苦都是值得的。桃子熟了,非常甘甜,尤其是那棵大桃树结的果子特别甜,人们都说这棵树上的桃子是仙桃,吃了它就会变成长生不老的神仙。

---

① 度朔山,古代传说东海中的山名。汉代王充《论衡·乱龙》:"上古之人,有神荼、郁垒者,昆弟二人,性能执鬼,居东海度朔山上,立桃树下,简阅百鬼。"

可是，在度朔山的东北面有一个叫作野牛岭的地方，那里住着一个力大无穷的坏蛋野大王。有权有势的他当了首领，欺负着一方百姓。野大王听说度朔山有仙桃，便命令神荼兄弟把仙桃供奉上来。兄弟俩却说："这桃子是给贫穷的百姓吃的，不能给你们。"把使者赶跑了。听了使者的回复，野大王暴跳如雷，带领三百家丁进攻度朔山。神荼兄弟带上守护桃林的老虎，与其进行了一场混战，击退了野大王。

野大王被打败了，但这更助长了他渴望桃子的心与复仇之念。武力不成，那就动歪脑筋。

一个狂风大作的夜晚，神荼兄弟正在石头小屋里睡觉，外面传来了奇怪的声音。起来出去一看，只见东北方向出现了几十个红发碧眼、青面獠牙的恶鬼，叫嚣着向小屋袭来。兄弟二人迄今为止从未做过一件昧良心的事情，胸襟坦荡，所以一点也不怕鬼，反而勇气倍增。神荼手持桃枝，打倒了恶鬼，郁垒则用绳子将鬼捆绑起来。转眼之间，几十个恶鬼悉数被俘，成了老虎的口粮。

这些恶鬼其实不是别人，正是野大王的家丁假扮的，原本打算恐吓神荼兄弟，把他们赶走的，没想到全部被杀了。

第二天，这件事便流传开了。人们感激神荼兄弟为民除害，兄弟二人声名远扬。在二人去世之后，民间依旧传说着他们变成了神仙上了天，被玉皇大帝封为制鬼之官，用绳索捆了恶鬼喂食老虎的故事。

人们深信桃林既是神荼兄弟之物，桃木便拥有了辟邪除恶的功效。所以在民间，一到正月等节日就会在两扇桃木板上写上神荼、郁垒二神的名字；或者画了神像，作为保佑家宅平安的驱魔符挂在大门的两侧。这就是"桃符"的起源。

五代（907—979）时，蜀国国君孟昶①觉得二神画像过于简单，便在桃符上题词："新年纳余庆，佳节贺长春"，这就是最早的"春联"。

到了宋代，春联已经成为普遍的习俗。明朝的开国皇帝朱元璋对春联十分感兴趣，提倡在除夕日用红纸替代桃木板，愈发促进了春联的普及。

此后，直至600年后的今天，春联演变为表达新年愿望的最佳形式。

---

① 孟昶（919—965），本名孟仁赞，字保元，邢州龙冈县（今河北省邢台市）人。五代十国时期的后蜀末代皇帝（934—965），后蜀高祖孟知祥之子。

关于门神，除了上述的神荼与郁垒的故事外，还有一个传说。唐太宗患病为鬼怪所惑，秦叔宝（文门神，白脸）与尉迟敬德（武门神，黑脸）二将军把守大门，防止妖怪侵入。太宗病好之后，为谨慎起见，绘制了二将军的画像贴在门上，这就是今天的门神与年画的起源。

门神：尉迟敬德（左）与秦叔宝（右）

孔子与对联

春秋末年，孔子为了传扬自己的学说，带着弟子游说诸国。结果遭到冷遇，被软禁了七天。那时候孔子所带的食物已经全部吃完，就在一筹莫展之际，孔子派能言善辩的弟子子贡前往范旦之处借粮。

范旦是乞丐的首领，人们都称其为范旦老祖。子贡向他说明了来意。范旦很早以前就听说了孔子师徒的学问，便想考验他一下。他对子贡说："我现在给你出一道题，你若答得出来便借给你粮食，如果答不上来，那就只能空手而归了。"子贡心想，孔门弟子知识渊博，怎么可能被一个乞丐难住，便答应了。

于是，范旦说："你作一句诗，里面要包含'好坏多少喜欢恼'七个字，要合乎道理。"

子贡没想到会被这个难题难住，惊慌失措，好不容易挤出一句"天上星星多，月亮少……"便被范旦一挥手打断了。

"你回去叫你老师教了再来答。"赶走了子贡。

子贡回去把这件事告诉了孔子，孔子说："不过是文字游戏而已。你去回他：天地之间好人多坏人少，借时喜欢还时恼。"

范旦听到了这个满意的答案后，便在笔帽里塞满米，递给了子贡。子贡见这么一点点米，刚想要问他怎么回事，又担心再次出丑，只好拿着笔帽回去了。

不可思议的是，从这个笔帽里倒出的米煮成饭后变成了满满一锅饭，而且不管吃多少也不会减少。

三天后，孔子一行终于被解除了软禁。这时候范旦的使者前来请求取回笔帽里的米。孔子赶紧叫弟子买来米装进笔帽。可是，明明装进了三十石的大米，笔帽里依旧空空如也。孔子急于前往诸国游说，他考虑到偿还这个笔帽里的米不是件容易的事，便对范旦的使者说道："请你转告范旦老祖，我无法一下子还清借粮，将让后代慢慢偿还。今后，凡是大门的两侧贴有春联（对仗）的人家都是儒家弟子，乞讨者可以去那里讨米。"

等到事情都办完后，孔子吩咐下去：世上所有的儒家弟子，每年十二月二十八日这天都要贴上"对联"，如果有乞丐前来，必须尽力相助。

从那以后，这便成了固定的习俗。并且，普通百姓为了在正月里讨吉利，也会贴上春联。

正月里大门的装饰

讨个吉利过年

除夕之夜，作为过去一年的收尾，家族全员要祭拜神灵与祖先，享用送别旧年的豪华晚餐，这称为"团圆饭"。吃过团圆饭后，全家总动员一起包过年的饺子。一边闲聊，一边包饺子。在中国北方，不论男女，谁都可以包饺子。

饺子在隋朝时就已经出现。至唐代，甚至流传到西域。大年夜吃饺子据说源自这样一个传说。

清太祖努尔哈赤在继承皇位之前，曾在中国的东北流浪。有一次他在长白山脚下消灭了虎怪，解救了村人。村人们大喜，剁了怪物的肉做成了饺子（东北人称之为饽饽），作为庆祝的菜肴。那一天正是除夕，所以人们每到除夕便会包饺子，后来流传为正月的一种食品。

在寒冷的地区，除夕这天都会包很多饺子。包好的饺子拿到院子里，瞬间速冻。再装进缸里保存起来，便可以在正月里随时享用。这个风俗被称为"坐吃"（什么也不用做就能吃到的意思），也就是讨彩头衣食无忧的意思。

等到饺子包好了，就换上新衣服，女人们梳妆打扮，点上香跟红烛，准备迎接新年。

正月里说话都得是吉利话。例如，孩子打碎了碗，就不能骂孩子"摔破了",而要说"碎碎有余"或者"碎碎平安"。因为"碎"与"岁"同音,所以成为"岁岁有余"(财产年年有余)、"岁岁平安"(年年平安)的双关语。

终于到了午夜。在除夕夜钟声敲响的同时,爆竹声起,再次迎接财神、灶王爷、天地之神。等到这些仪式都结束后,一家团圆吃饺子。正如春联所写的那般:"千家爆竹辞旧岁,万户红灯庆新春。"

饺子的形状很像古代的钱币"元宝",非常吉利。饺子馅儿则会按照家中的人数,包进红糖、花生、枣子、硬币等。吃到红糖饺子的人,意味着生活甜蜜——一年幸福。花生,别名"长生果",所以吃到花生饺子的人,意味着长寿。如果吃到了硬币饺子,将成为富翁。而"枣饺子"与"早交子"(早生贵子)同音而深受人们的喜爱。

全家人首先拜天地、四方,其次拜祭坛上供奉的祖先、灶神、财神,再次由年少者向年长者依序拜年,继而向近邻拜年"恭喜恭喜""发财发财"。这时,小孩会领到用红纸包着的"压岁钱"。人们彻夜点着红烛与香火,度过一个不眠之夜。这就是"守岁"。

除夕的家中风景

从前,从除夕到正月十五,叫花子会捧着印刷好的财神像,挨家挨户地上门,一边唱着"送财神来了!送财神!!"一边递上财神像,讨得奖励。而家里的人,一听到有人唱着"财神来进宝,今年生意好,一本变万利,金银用不了"这种吉利话,不论多么忙都会高兴地跑到大门口迎接财神。而且不管接了多少财神,也只会多多益善。

因为除夕是一年的最后一天,所以在从前,对于欠了钱而被追债的人来说就是"年关"。他们害怕讨债者会守在家里,而不得不四处躲藏。讨债者虽然可以在欠债人的家中等待一晚上,但是一旦天亮,欠款也就收不上来了。只要过了除夕日,正月里就算遇到讨债者,也只要厚着脸皮祝贺"恭喜发财"即可。如果这时候想要追债的话,那反而会被欠债者或者旁人批评"不知道今天是什么日子吗?不懂道理!"颜面尽失。

元旦这天要吃一种用糯米粉蒸制的黄色年糕。黄色象征着黄金,"年糕"与"年高"同音,寓意着年年高升。

为了正月里都能吃上年糕,每家每户都会提前准备很多。吃年糕的风俗据说已有两千多年的历史。

传说年糕起源于江苏省的苏州。

春秋时代,吴王阖闾①命令名将伍子胥在苏州筑城,该城取名"阖闾大城"。大城建好后,吴王召集一众将军,摆设了庆贺宴,慰问大家的辛劳。

这时候,唯独伍子胥一人闷闷不乐。他回到了营房,悄悄地吩咐侍从:"我死后若国家遭难,百姓饥饿无食,你去大城的相门(苏州六城门之一)下掘地三尺。"

不久,伍子胥因受谗言罹罪而自尽,而吴国果然也被

---

① 吴王阖闾(前537年—前496年),一作阖庐,姬姓,名光,又称公子光,吴王诸樊之子(《左传》《世本》作吴王余眛之子),春秋末期吴国君主。

越国灭国。战火与灾难接踵而至，饿死者层出不穷。吴王的侍从想起伍子胥的话，他带领百姓跑到相门下，开始挖掘。差不多掘地三尺的时候，发现相门的地基并不是用泥土建筑而成的，而是用糯米粉做成的砖头，是能够吃的食物。从那以后，百姓为了纪念伍子胥，每到春节就会制作砖头形状的年糕，一直延续至今。

在中国虽然没有日本过年时的那种年菜[①]，不过也会准备很多容易保存、可以冷食的前菜。另外，每户人家都会准备自家的拿手料理，款待前来拜年的客人。

屠苏，原本是一种草的名字。然而，屠苏酒却不是用这种草制成的酒。唐代有一个名叫孙思邈的人，他在自家的草庵里绘制了屠苏草的画，将草庵取名为"屠苏庵"。每到除夕，他都会按照据说是东汉名医华佗的处方调制一种含有山椒、防风、白术、桔梗、陈皮、肉桂等成分在内的药材，分送给村民。人们将这种药装进袋子，浸泡在井水

---

① 日本民间传说，新年的目的是呼唤已回到山里的田神（守护谷物丰收之神）重归凡间，神明驾临时不宜生火做饭。所以，新年的御节料理全是之前已经备好的冷盘。种类丰富、色泽鲜艳的冷盘食材精致地摆放在正方形的漆制彩色盒子里。

中，到元旦那天取出来再倒进酒桶，由此成了"屠苏酒"。

拜年原本有着先后顺序：初一是父亲家族的亲戚、初二是母亲家族的亲戚、初三回妻子的娘家、初四与初五是朋友家，不过现在已经没有这么严格的规定了。

至于娱乐游玩，可以去正月里免费开放的公园、动物园，或者看电影、戏剧，欣赏音乐等新春活动。

街上的传统游戏

放风筝、抖空竹①、踢毽子、双陆②、放爆竹。

正月初五称为"破五"，在这一天也要吃饺子、放爆竹。古时，正月初五禁止炊事，女性也不能外出（女性的

---

① 空竹，历史悠久，国家非物质文化遗产。明代《帝京景物略》中记述了空竹的玩法和制作方法。空竹一般分为单轴和双轴两种，轮和轮面为木制，轮圈为竹制，竹盆中空，有哨孔，旋转时可发出嗡嗡的响声。空竹中柱腰细，以便于缠线绳抖动时旋转。抖空竹者双手各持两根二尺左右长短的小木棍（或小竹棍），其顶端皆系一根约五尺长的棉线绳，两手握住小木棍的两端，使线绳绕轴一圈或两圈，一手提一手送地抖动，加速旋转使之发出鸣叫声。

② 双陆，古代博戏用具，同时也是一种棋盘游戏。棋子的移动以掷骰子的点数决定，首位把所有棋子移离棋盘的玩者可获得胜利。

拜年从初六开始）。

过了初五，正月就告一段落，从初六起工作复始。

踩高跷

春节的由来

过年的习俗至少有着 3000 年的历史。最初的时候，过年叫作"渡岁"。

夏商朝代，人们将岁星（木星）运行一周视为一岁，在这一岁的开端几天会举行节日庆典。

岁变为年，是在周代。当时中国社会已经从游牧转为农耕时代，人们祈求一年五谷丰登。将"过年"改称为"春节"不过是七十年前的事。

中国古代历法形成于夏代，是为夏历。元旦为正月初一。可是，历代君王都认为自己才是"正位"，所以每当王朝更迭，岁的起始月份也会改变，这称为"改正"。改正后的第一个月定为"正月"。因此，正旦的日子并不是固定不变的。

商代的正旦是十二月一日，周代是十一月一日，秦始皇的时代是十月一日。到了汉代，又恢复了夏历，正旦被定为正月初一。

大约在一九一一年，中国也采用了世界通用的新历。为了与新历的新年进行区分，夏历（农历）的正月正巧在立春前后，便取名为"春节"。

"年"的传说

自古以来，为什么除夕被称作"年关"、为什么要放爆竹、为什么互相要说"恭喜"，这些都有着奇妙的传说。

很久很久以前，毒蛇与猛兽遍布各地，其中有一个叫作"年"的大怪物。一到除夕夜就会跑出来袭击人类，血盆大口一张便吞噬好几个人。吓得人们无法生活，绞尽脑汁寻找对策。

一个银发白须的老人说："我有一个办法……"

老人找到了年，劝它："年啊！你不能总是害人啊……"年看着这个风一吹就会倒的老人，根本不把他放在眼里。嘲笑说："你是个什么东西，一边待着去！"

不料，老人竟掸拨它："是吗？你多强壮啊。你要是什么都能吃的话，有胆量去吃马荡山的毒锦蛇吗？"

年最讨厌别人说它胆子小，一下子火冒三丈。

"那还不简单。"

年真的就把那条毒蛇给吞了。

老人又问了："那么，麒麟山上那头狂狮你敢吃吗？"

"小菜一碟。"

年一口就吞了狮子。

老人又挑衅它："年，虎头崖上的恶虎你敢吃吗？"

"当然，等着瞧！"

年又一口吞了老虎。这下，世上所有的毒蛇、狮子、老虎都闻风丧胆，逃也来不及，躲进了深山老林再也不敢出来。借助年的力量消灭了猛兽，老人骑在年的背上升天了。

理所当然，老人正是天庭派来的使者。

老人离去之际告诉人们，除夕日家家户户的大门上要贴上红纸，燃放爆竹，以防年再来骚扰。因为年最怕的就是红色与爆竹声。

桃符与爆竹

从那以后，一到除夕，每户人家的大门上都会贴上红纸，后来又在红纸上书写吉利话，成了"春联"。而后，在正旦这天遇到别人时，就会说"恭喜"没有被"年"吃掉。就这样，这些习俗一直延续到了今天。

除夕夜守岁的传说

很久很久以前，玉帝为了让俗世的百姓过上幸福的生活，每年到了除夕夜，就会打开天门，将仓库里的金银珠宝分发给人们。一到那个时间点，所有的砖瓦石头都会变成金光闪闪的金银珠宝。不过，有一个规矩——不能贪心，捡到的金银必须放在屋子里,并且直到天亮都不能开门。

有个村子里住着兄弟俩。哥哥刻薄无情,把金子看得比命还重。弟弟性情温和,勤恳又忠诚。有一年的除夕夜,兄弟俩分别坐在屋子里,等待着天门开放。可是,等啊等,天门一直没有打开。贪婪的哥哥为了天门开放后轻松获得大量的金银,便在门口堆满了大石头与砖瓦、石臼等物,准备迅速搬进屋了。弟弟却只是盯着烛火看,默默地等待。

到了半夜,天门终于开了。院子里的砖瓦石头都变成了金银珠宝,弟弟将金银装进篮子搬进了屋,关上了门。哥哥则费尽了九牛二虎之力,将事先准备好的东西全部拖进屋内。看着满屋的黄金,哥哥欣喜若狂,心想从此以后自己就是世上最有钱的人了,迫不及待地盼着天亮。可是公鸡迟迟不打鸣。急不可耐的他打开门想看看天空,却忘记"天亮之前不得开门"的规矩。等他回到屋里,金银珠宝已全部化为砖瓦。他后悔地哭了。

弟弟一直等到天大亮了才开门,看到一篮子闪闪发光的金银珠宝,高兴地跳了起来。

后来,玉帝见世上贪婪的人越来越多,气得再也不打开天门了。但是人们始终期待能够过上富裕的幸福生活,依旧心存侥幸,一直等待着天门重开的那天。

一年过去了,又一年过去了,无论怎么等,天门都没有开过。

除夕夜里,全家人点燃了蜡烛,整晚不睡觉地守候着。从那以后,就形成了除夕夜通宵守岁的风俗,流传至今。

除夕全家包饺子的情景

灶王奶奶与除夕

玉帝最小的一个女儿,聪慧善良,对世上的穷人十分怜悯。她悄悄爱上了一个在灶台烧柴火的年轻小伙。玉帝知道后大怒,将其放逐下界,跟烧柴的穷小伙一同受苦。

母亲王母娘娘向玉帝赔礼道歉,好不容易才为烧柴小伙谋得一个掌管炉灶的职位。后来人们将这个烧柴小伙称为"灶王爷"(灶神),将玉帝的女儿称为"灶王奶奶"(灶神夫人)。

灶王奶奶体谅百姓疾苦,经常借着返乡的名义,从天宫带来各种各样的食物分给百姓。玉帝原本就很讨厌这个贫穷的女婿与女儿,得知这件事后就更加生气了。于是只允许他们每年年底返乡一次。

第二年,马上就要到正月了,可是人们没有一点迎接新年的准备。灶王奶奶看到后,觉得必须得想点办法。焦虑不安的她,在十二月二十三这天便带上百姓送给她的煎包,踏上了回乡之旅。

灶王奶奶上天跟玉帝说明了百姓的疾苦,可是没想到,玉帝非但不同情,反而觉得女儿把穷神带了回来,简直不能容忍,急忙要赶她下界。灶王奶奶觉得空手而归对不起百姓,她向玉帝请求道:"我现在不能回去。等明天我做把扫帚,回去好赶走穷神。"

到了二十四日,灶王奶奶做好了扫帚,玉帝走了过来,催她:"你快点走吧。"

灶王奶奶回答道："马上就到正月了，我家里还没有豆腐呢，我明天要做好豆腐再走。"

到了二十五日，灶王奶奶做好了豆腐，玉帝走了过来，又催她："你怎么还不走啊。"

灶王奶奶说："别急嘛。我家里还没有肉呢，等我明天切点肉。"

到了二十六日，灶王奶奶终于切完了肉，玉帝走了过来，又开始催她。

灶王奶奶说："我家里太穷了，连只鸡都没有。等明天我杀了鸡带回去。"

到了二十七日，灶王奶奶杀好了鸡，玉帝又过来催她。

灶王奶奶说："我路上吃的东西还没准备呢，明天我要蒸馒头。"

到了二十八日，灶王奶奶蒸好了馒头，玉帝又来催她。

灶王奶奶说："正月里总得喝酒吧。明天我得把酒水准备好。"

到了二十九日，灶王奶奶灌好了酒，玉帝又来催她。

灶王奶奶说："明天我得包饺子呀。"

到了三十日，灶王奶奶包好了饺子，玉帝再也忍耐不住，呵斥她立马回去。灶王奶奶已经备好了一切，所以也不顶嘴，拜别了母亲王母娘娘之后，等到天色暗了下来便离开了天宫。

这天夜里，下界的家家户户都还没有睡觉，坐在炉子边上彻夜等着灶王奶奶。

灶神（中野达摄）

当人们看到灶王奶奶回来了，立刻点燃线香，放起爆竹迎接她。

于是，为了感激灶王奶奶的恩德，便形成了每年十二月二十三日做煎包、二十四日大扫除、二十五日做豆腐、二十六日切肉、二十七日杀只鸡、二十八日蒸馍馍、二十九日打酒、三十日包饺子，一夜无眠迎接新年的习俗。

民间甚至还编了岁末歌谣，传唱这些风俗仪式。（参见前文"腊月之城"中准备过春节的歌谣）

元宵节

以正月十五为中心，前后三天会举行"元宵节"（一年中的第一个满月)的盛大活动。

关于元宵节的起源,按照道教的三元说,在喜庆的正月十五"上元"、七月十五"中元"、十月十五"下元"的日子里,洗净身体,奉上经文,将会获得幸福,亲近神佛。其中的上元,也就是正月十五元宵节。

这天,家家户户会在院子里或者大门外挂上灯笼,享用被称为"元宵"的有馅儿的糯米团子,祈祷这一年开端的满月与丰收,所以也被称为"灯节"。

古时,用大豆面捏出十二生肖动物,在动物的背上捏出一个小碗,然后蒸熟。碗里面插上缠了棉线的麦秆芯,

卖元宵的路边摊

等到十五的夜里就倒入大豆油,点燃灯芯,摆放于祭坛、灶台、井边及臼内。现在一般都使用蜡烛,不再制作豆面灯了。

灯笼的形状有圆形、方形、六角形、花篮、动物等多种多样;花纹则有山水、花鸟、人物;走马灯上一般描绘戏曲、历史故事、传说等图案。

繁华大街上的灯笼更是各式各样,公园和广场都被设定为观灯场所,非常热闹。另外,在灯笼上写上谜面,让游客猜谜,猜中的人可以获得奖品。这个叫作"猜灯谜"。

灯谜形形色色,举一二例。

◆弟兄两个一般高,一到吃饭就摔跤。打一物。
谜底:筷子
◆千根线、万根线,落在河里看不见。打一物。
谜底:雨
◆一大一小,一跳一跑,一个食人,一个吃草。打一字。 谜底:骚
◆画时圆,写时方。冷时短,热时长。打一字。
谜底:日

元宵节的时候,踩高跷、狮子舞、耍龙灯、跑旱船等节目层出不穷;大街小巷充满了曲艺、杂技等活动,煞是热闹。

尤其到了十五的夜里,街上灯火通明,爆竹烟花四起,锣鼓咚咚锵,把节日的欢乐气氛推向了高潮。

元宵节正巧处于正月的中间,新春的喜悦仍有余韵,人们往往把这一天当作春节的总结,尽情欢庆。这就是"闹元宵"。如果说新年是家庭的欢乐,那么元宵节就是街头的庆典了。

由泄愤生出的灯谜

从前,有一个姓胡的财主,为人傲慢,个高体瘦,面色苍白,人们给他取了个绰号叫"白面虎"。这个白面虎是个势利眼,看到比自己穿得好的人就谄媚奉承,对于衣着朴素的穷人则千方百计地榨取。

有一年的年末,胡家门口一前一后来了两个人。前面一个叫"李才",后面一个叫"王少"。李才衣冠气派,王少衣衫褴褛。佣人向胡财主报告了李才的打扮,白面虎马上笑脸相迎。李才说:"我想借十两银子",白面虎爽快地借给了他。可是,当王少对他说"老爷,请借给我一点粮食吧",白面虎对这个穿着破破烂烂衣服的王少白了一眼,骂骂咧咧:"我哪有什么米借给你,滚出去!"

王少还来不及回答,便被佣人赶了出来,气得他下决心永远不会忘记此事,总有一天要报仇雪恨。

正月结束,元宵节到了。晚上,人们挂上了五颜六色的灯笼,王少也提着灯笼上街了。他这个灯笼特别大又很明亮,而且与众不同的是上面还写了诗。王少跑到白面虎的家门口,高高举起灯笼,吸引了很多人围观。正巧,那时候白面虎在大街上游玩,他被人群吸引了过去,挤到前面,想要看一下灯笼。只见灯笼上写着四句诗。白面虎不识字,便叫站在后面的账房先生念给他听。账房畏畏缩缩地读道:

> 头尖身细白如银,
> 论秤没有半毫分。
> 眼睛长到屁股上,
> 光认衣裳不认人。

白面虎一听大怒，瞪大了眼睛喊道："混账东西，不知好歹敢骂我。"

命家丁赶紧把灯笼踩烂了。谁想王少把灯笼举得更高了，他笑嘻嘻地说："老爷，没有人骂你啊。"

"那你灯笼上写的什么！你自己读读看。"白面虎怒吼道。王少大声读了一遍。白面虎问他："你这写的难道不是我吗？！"

不料，王少哈哈哈地大笑起来，"难怪老爷要疑心呢，这四句诗是一个谜语。谜底就是'针'。"

听了他的解释，白面虎虽然很生气却没法发火，无可奈何，只能灰溜溜地回家了。

这件事一下子就流传了开来。到了第二年的元宵节，人们便模仿王少，在灯笼上写上谜语，让游客猜谜，其乐融融。这就是"灯谜"，一直传到了今天。

猜灯谜

十五夜的"元宵"

正月十五晚上的美食"元宵",源自下面的传说。

汉武帝有一个亲信名叫东方朔,聪颖正直。他经常帮助百姓解决困难,救民于水火之中,深受人们的敬爱。

有一年的十二月,御花园里的梅花盛开,满园芬芳。东方朔被梅花吸引进了御花园,不料看见花园的角落里有个宫女正要投井。东方朔赶紧拦下了她。

"这位姑娘,你怎么这么傻啊!你叫什么名字?"宫女回头一看,认出了东方朔,盈盈一拜。

"东方先生,我叫'元宵',是宫中的仕女。我进宫已经好几年了,却一直都没能与亲人相见。眼看正月都要过完了,我却见不到家人。与其这么痛苦,不如死了更痛快一些……"东方朔听了女子的倾诉,深为怜悯。他宽慰她一定想办法让她与亲人见面。回到家后,东方朔左思右想,终于想出了一个妙计。他找到了"元宵"的家,见到了"元宵"的父母,跟他们商量好了计策。

东方朔回到京城后,在大街上摆出了一个摊子。人们都知道东方朔学问深厚,争先恐后地跑来请他算卦。可是,不管哪个卦,都写着"正月十五日将遭遇天火灭亡"。大家都非常惊恐，询问东方朔有什么解决的办法。东方朔沉思片刻，指点迷津。

"正月十三日的傍晚，火神会派'红衣仙女'前来人间

元宵节（在寺庙的灯架上挂上红灯笼）

查访。那时，城内的老年人一起下跪请求她，说不定能获得帮助。"

到了正月十三日的傍晚，果然有一位骑着毛驴的"红衣仙女"姗姗而来。她说，玉帝想从天上看到火灾，所以受玉帝之命，前来点火。城里的人一同跪了下来，苦苦哀求"红衣仙女"。于是，仙女扔下了一张纸片，又骑着毛驴姗姗而去。

大家捡起纸片一看，上面写着：长安有灾祸，天火燃宫廷。十六日火灭。

这个不祥的消息立刻传到了汉武帝的耳中。他赶紧找来东方朔商量。东方朔献上一计。

"火神最喜欢吃小豆馅儿的糯米团子，那我们就做上最好的糯米团，到了正月十五供奉给火神，祈求她的原谅吧。其次，让城里的家家户户都挂上灯笼，就像放烟花一样，眩花玉帝的眼睛。"

于是，汉武帝马上吩咐做团子的高手"元宵"包了很多团子，又命令京城的官员及百姓悬挂灯笼。

到了正月十五的晚上，一切准备就绪。汉武帝让仕女"元宵"提着灯笼带路，让东方朔捧着糯米团子贡献给火神。"元宵"的双亲在东方朔的安排下，终于与女儿说上话，一家团圆了。

汉武帝深信多亏了高手"元宵"制作了团子，再加上灯笼与烟花才真的免除了灾难，便将糯米团子取名"元宵"，并布告天下，在每年正月十五日挂上灯笼，品尝"元宵"。

挂灯笼的传说

元宵节点灯笼的开端据说是在西汉，到了唐代兴盛了起来。历代帝王为了粉饰太平，都非常倡导这一习俗。明太祖朱元璋登基的时候，从初八的夜里便点上了灯笼。永乐皇帝朱棣更是命令灯火彻夜不熄，奏乐至天明，让妃子与宫女们及百姓一同在大街上"看灯"，举国欢庆。

民间流传着这么一个传说。从前，有一天，一只神鸟迷了路坠入凡间，被猎人射杀。玉帝大怒，命令天兵天将在正月十五那天烧毁人间。可是，玉帝有一个心地善良的女儿，她冒着危险，将这个不幸的消息传递给人们。大家都惊慌失措，不知如何是好。这时候一个老人想出了一个办法。在正月十四、十五、十六的三天里，每家每户的门前都挂上红灯笼，并且一同燃放爆竹，点燃烟花，就好似人间熊熊大火的样子。任全知全能的玉帝,也被这个圈套骗了过去。后来,每年正月十五的前后三天,民间都会挂灯笼放爆竹。

还有一个传说。

唐代,一个名叫黄巢的农民起义将军率领部队攻打郓城①,激战三天,却始终无法攻破。

当时正值冬季,大雪纷飞,黄巢便带着起义军驻扎山中,打算等到年后再图进攻。

过年了,家家户户都在准备着过元宵节,黄巢想起了"知己知彼,百战不殆"的兵法,决定利用节日假期摸清敌军的动向,便亲自便装偷偷地进入了郓城。

不想军中出了叛徒,将黄巢便装进城的消息透露了出去,于是唐军紧闭大门,骑兵在城内四处搜索。黄巢几无藏身之地,就在千钧一发之际,一个卖醋的老翁把他藏进后院的醋缸里,躲过了一劫。

骑兵散去后,老翁给他指点出路。

"从这条小路出去后会看见一座老庙,顺着城墙走不远有一个豁口,从那儿就可以出城了。"

---

① 位于山东省西南部。

黄巢听了大为感动。他对老翁说："请准备好红纸，做成灯笼，到了正月十五那天挂在门前。"

老翁把这个消息告诉了左邻右舍，一传十，十传百，不一会儿全城的老百姓都知道了。

元宵节（各种动物灯笼）

黄巢回到山里后，制订计划，于十五日的夜里率五千士兵，从城墙的豁口处鱼贯而入，里应外合双面夹击。

这时，穷人家的门前都挂上了红灯笼，起义军见到之后就不会进去，而没有悬挂红灯笼的贪官污吏、土豪劣绅则在一夜之间全部被杀光。从此以后，每年的正月十五日就形成家家户户挂红灯笼的风俗。

少数民族的春节

春节也是少数民族的风俗节日。每个民族都会遵循自己的风俗，举行独特的庆祝活动。

◆蒙古族

蒙古族将春节称为"大年"，古时称"白节"。现在的农历一月也依旧叫作"白月"。到了岁末，人们要制作漂亮的蒙族服装，还要准备当年生长的公羊肉、奶制品和上等好酒。然后是驯马。

除夕之夜，阖家围坐在蒙古包中央吃年夜饭，畅饮畅食。不过蒙古族认为酒肉剩得越多就越好，这象征了新的一年里酒肉富余，生活无忧。到了除夕夜，小辈要向长辈献上"辞岁"酒（对于长辈的辞旧祝福），品尝过年的饺子。通宵游戏玩耍，聊天唱歌，欢度新年。

元旦，身穿五颜六色蒙古族服装的男男女女，骑上驯服的马，三五成群地在村子里和镇上游玩，一家一家地拜访蒙古包，向长辈致以新年的问候。这被称为"串包"，包里的人会给客人敬酒。按照习俗，这个酒必须一饮而尽，还会在大门口载歌载舞。串包的男人和女子则会利用这个机会赛马，一路从村子跑到镇上。

◆藏族

农历正月是藏族最重要的节日。正旦，一大早妇女们便争先恐后地去取水，这被称为"吉祥水"，祈祷带来新年的幸运。然后，家家户户在羊奶酪和青稞①制作的馒头上插上染色的青稞与麦穗等，祈祷新年丰收。

初二，向亲戚、朋友、邻居们"恭贺新年"，关系亲近的人还要互相赠送"哈达"（在藏族表示敬意与祝贺时赠送的1.5米长至3米长的白、黄、蓝等颜色的丝绸），祝福新年之喜。同时还要招待对方喝青稞酒、吃羊奶酪馒头。

◆壮族

居住于广西、贵州、云南、广东地区的壮族，与汉族

---

① 青藏高原地区把裸大麦叫作青稞。裸麦，禾本科一年生栽培谷物。

一样在同一天过年。除夕夜一定要吃米饭,这被称为"压年饭",蕴含着来年丰收的心愿。另外还要制作重达2公斤—3公斤,长达50公分的巨型粽子,对于家庭成员少的人家来说,甚至一次都吃不完。

正旦这天,天还没有亮的时候就要起床,穿上新衣,燃放爆竹,迎接新年。女性则争先恐后地跑到河边或者井边汲取"新水",祈祷新年的幸福。

◆苗族

苗族在正月的主要活动是斗牛或赛马,以及配合芦笙(竹制的风笛)的节拍跳舞。在苗族的村子里或者城镇里都设有传统的斗牛场,这是一块长约50米、宽约10米的空地,周围山坡环绕,形成天然的观众席。在斗牛场上,观众有时两三千人,有时五六千人,场面盛大。斗

苗族的斗牛

牛结束后是新年的大鼓。从每家每户收集而来的糯米酒被运到斗牛场的中央,大伙儿一起喝酒;在大鼓、芦笙的旋律下一边跳舞,一边将花棒传递下去。鼓声落下,花棒落在手中的那个人就要表演唱歌。唱得好的人有酒喝有肉吃,并获得糯米团子的礼物。唱得不好的人会被罚买手绢赠送给主人。

苗族的芦笙舞

◆侗族

居住于贵州、湖南一带的侗族,每到春节,就会举行盛大的"芦笙会"。这一风俗活动与汉族的"团拜"非常相似,不过比"团拜"更热闹更欢乐。

活动由两个村子共同主办,双方的队伍在广场上比赛芦笙歌舞。有时候,两个村子的观众也会加入比赛,一起合着旋律载歌载舞,尽情享受。

◆彝族

彝族的春节会在门前竖立松木,地面上铺上松叶,祈祷无病消灾。人们炖猪肉炖羊肉,带着肉与蒸的馒头去拜年。

正旦的早上,首先去河边或井边取水。然后将水倒入大碗,与昨天的水比重量,如果新年的水更重则表示今年风调雨顺。正旦这天烧饭洗物都要使用新水,唯独不能用来洗衣服。

春节里,大家都盛装出行,一同前往郊外参加庆祝聚餐,骑马比赛。其中最热闹的当属彝族的摔跤了。一场比赛打三场,是一个充满了技巧与智力的竞技,深受人们的喜爱。

◆白族

云南省的白族,到了正月就会举行"放高升"的活动。所谓"放高升",就是取一根大竹子,在竹节里塞进火药,点火。于是,竹子就像火箭一般,蹿上天空数十米,是名副其实的"高升"。

另外,正月里还有"抛绣球"的活动。年轻的男女互相抛球,球没接住的人必须给对方送礼物。如果老是输,并且没有获得对方赠送的还礼,那么就得接受对方的求爱。

◆黎族

居住于海南岛的黎族,到了春节的时候就要杀猪宰鸡,置办一桌豪华的酒席,一家团圆享用"年饭"的同时,欢唱贺年的歌谣。

正旦与初二,村里的青壮年齐聚"初猎",猎物为全村共有。有趣的是猎物的分法。首先,猎物的一半归射中的猎手所有,剩下的一半则平分给众人,孕妇获得双份。而且就算是过路的人,也能分得一杯羹。

◆瑶族

年轻的小伙为了获得姑娘的欢心,都会打扮得特别帅气。姑娘们也会美美地装扮好,从四面八方聚集而来,观看风趣别致的"耕作戏"。在这个戏里一共有三人,一人扮牛,一人扮扶犁农夫,一人扮荷锄农夫,有趣又搞笑的唱歌与跳舞表达了丰收的喜悦。

另外,挑选健壮的雄性水牛,共同饲养,等到了斗牛的时节便参加斗牛赛。出场的时候，要用布裹住牛脚掌，后腿则缠上长长的布条以便于掌控。

◆土家族

土家族在正月里会举行盛大的"摆手舞"会。摆手舞是土家族中流行的古老的舞蹈，包含了狩猎、军事、农耕、酒宴等七十多个动作。旋律欢快，动作优美，舞姿朴素，情调健康。并且，不使用任何道具，具有浓厚的民族特色。

◆达斡尔族

居住于东北地区嫩江两岸的达斡尔族的春节，在正旦的早上，年轻男女穿着漂亮的服饰，首先给长辈道新年的祝福、敬酒磕头，而后再开始走亲访友。每户人家都会准备好小米面蒸制的"年糕"，拜年的人要抢吃糕饼。据说吃了这个"年糕"，这一年的生产与生活都会"年年高"。这是利用了"年糕"发音的双关语，是讨吉利的好彩头。

◆鄂伦春族

居住于黑龙江一带的鄂伦春族的春节活动是在正旦的

早上,一家人按照长幼顺序,依次给长辈敬酒、跪拜,致以新年的祝福;同辈之间则是相互祝福。初二、初三两天热衷于赛马,十五则是品尝豪华大餐。一月十六日被定为"黑灰日"。这天,从早上起,年轻的男子就手持灶台的黑炭,争先恐后地涂到对方的脸上。年轻的女子经常被男子涂得满脸黑灰。涂上锅底灰被视为愉快与健康的象征。

◆东乡族

东乡族在正旦的时候会举行喜庆的传统活动。各村各部落之间约定好时间与场所,互相投掷土块,展开交战。参加者没有年龄限制,六七十岁的老人也会童心未泯,前往深山僻野,投入到"打仗"中。青壮年还会开展摔跤、传统的投球比赛。

◆拉祜族

除夕夜,按照拉祜族的风俗,家族全员都要沐浴,清洗身体,准备好第二天的美食。在食物中特别重视的是用糯米制作的烤年糕(糍粑),不仅供人们品尝,还可以喂给牛吃。还要将锄头、铁锹、砍刀、斧头等农具装饰一新,以酬谢农具对主人的协助;同时寄予了新年硕果累累的期许。

◆哈尼族

从除夕日的前几天起,女人们就开始准备糯米年糕(粑粑)。如果有人来到家门口祝福:"请迎接美好的新年",那么家里人就会热情地拿出糯米饭或者刚刚做好的粑粑款待他。年轻的男子去山里砍伐竹子,忙着搭秋千架。这个秋千是用六根大竹子和一根横梁,以及数根绳子编织而成,高约十二三米。

正月里,不论男女老少,哈尼族人都要荡秋千,这是他们非常喜爱的一项活动。荡得高高的,花样很多,也很有难度。

二月二,龙抬头

二月二日这一天,每个剧院都会上演《王宝钏》的剧目。

王宝钏是唐代丞相王允的女儿。有一天,一个年轻的乞丐上门来乞讨。王宝钏看他气度非凡,觉得日后定成大器,便偷偷地打探他的行动。只见乞丐吃饱了之后,不一会儿跑到马路对面的树荫下睡觉了。这时候,在他的头上出现了一条龙,守护着他,这个乞丐名叫薛平贵。

　　王宝钏不顾父亲的反对,甚至断绝了父女亲缘,嫁给了这个贫穷的薛平贵。丈夫从军,成为先行军的指挥官。可是大将魏虎(王宝钏的姐夫)设计要杀害薛平贵,派给他一匹暴躁的赤马,企图让其命丧战场。

龙灯图

然而，不可思议的是，这匹赤马特别听薛平贵的话，还救了他好几次。薛平贵也因此数次立功。在《王宝钏》的戏曲里，这匹马叫作"红鬃烈马"。

王宝钏在薛平贵从军的十八年间，一直苦等丈夫的归来。终于等来薛平贵平定天下，二人重逢。

几年前，京剧名角梅兰芳的子女梅葆玥（姐）与梅葆玖（弟）来到日本，演出了《大登殿》。其中，薛平贵（由姐姐扮演这个男角）平定天下，登上了皇位，封妻子王宝钏（由弟弟扮演女角）为皇后的情节，就是"红鬃烈马"中的一节。

那么，为什么二月二日要表演这出戏曲呢？民间将二月二日称为"春龙节"或者"龙抬头"，这与二十四节气中的惊蛰相关。也就是说，到了"起蛰"这天，所有冬眠的虫子都会苏醒抬头，而二月二日正巧地下的龙开始涌动，跃出地表升天。

薛平贵睡觉时候出现了龙守护的情形，所以就在这天表演《王宝钏》的戏曲。

当天，家里会享用"龙须面"（极细的挂面）和用面粉制作的点心"龙鳞饼"（模仿龙的鳞片制作的圆形或菱形煎饼），还有一种用砂糖炒玉米粒与黄豆的糖豆。

另外，为了防止误伤龙眼，女人们按习惯不做针线活。龙为农作物的生长带来不可或缺的雨水，所以成为百姓祈求风调雨顺的象征。

炒豆救龙

关于二月二日炒玉米粒与黄豆的由来，流传着这么一个传说。

武则天夺取了唐的天下后改称周，并亲自登基。玉帝大怒，命令四海龙王两年不得给人间降雨。

这让百姓陷入了痛苦的深渊。庄稼枯萎，河川干涸。甚至连喝的水都没有了，百姓们流干了眼泪，哭哑了嗓子。雨神听到了百姓的哭声，于心不忍，却又不敢违背玉帝的命令。

突然，远方飘来了一朵云彩。这团云越变越大，眼看着把整个天空都遮住了，下起了倾盆大雨。原来这场大雨是掌管天河的玉龙给降的雨。此前，玉龙为了拯救百姓而降雨，被流放到凡间。为了赎罪，变成了马，跟随三藏法师一同经历了苦难的修行，后来以求得真经的功劳重返天河。这些天，它听到百姓的哭泣，看到百姓的痛苦，便不顾自身的安危，一口气吸满了天河的水，为人间降了一场大雨。

玉帝知道后怒不可遏，命太白金星将玉龙流放到下界，镇压在大山底下。岩石上刻着玉龙的罪状："玉龙降雨犯天规，当受人间千秋罪。要想重登凌霄阁，除非金豆开花时。"

百姓们为了解救玉龙想尽了办法，四处寻找能够开花的金豆，可是怎么也找不到。

第二年的正月，正遇上赶集，一个卖玉米的老奶奶，不当心打翻了袋子，金黄色的玉米粒撒了一地。看到这个，人们心中顿时一亮。

"这不就是金豆嘛。把这个炒了，让豆子爆开，不就是开花嘛。"

于是，一传十，十传百，一下子就传遍了。

到了二月二日的这天，家家户户将翻炒的玉米供奉在院子里，还拿到玉龙的身边上供。玉龙为百姓的深情厚意所感动，不由得放声大喊。

"太白老人！金豆开花了！快放我出去！"

太白金星年老眼花，真的以为是金豆开花了。于是轻轻一挥拂尘，大山浮起，玉龙长啸一声蹿上了云霄。它使出了全身的力气，往干裂的大地上倾盆喷出，转眼之间，山川河流便流水潺潺，波涛澎湃。

天宫里，正在兴致勃勃观赏仙女歌舞的玉帝接到消息，得知玉龙又一次违背了圣旨，便责问太白老人。太白金星知道是自己看错了，他一边向玉帝赔礼道歉，一边劝道："我们天庭的香火都是蒙百姓的供奉。如果他们都死了，这可如何是好？"

玉帝沉思了一会儿，最终宽恕了玉龙。

从那以后，民间每到二月二日便早早起来炒玉米。一边炒一边还唱着歌谣：

"二月二，龙抬头，大仓满，小仓流。"

三月三，王母娘娘过寿辰

日本的三月三日是"桃花节"（女孩节），其实古代中国也曾有过"桃花节"，还曾流传了这么一个故事。

三月三日（农历）是王母娘娘（天庭女神的统管）的生日，这一天，四海八方的神仙都会前来参加庆祝宴会。民间流传的"八仙庆寿""八仙过海"等故事都是出自三

月三的庆典。王母娘娘举办"蟠桃大会",拿出长生不老的仙桃与美酒款待前来庆寿的神仙。

顺便一提的是,京剧里著名的剧目"孙悟空大闹天宫"中有一个场面是王母娘娘举办宴会款待各路神仙。可是,孙悟空虽然被天庭封为"齐天大圣",却不在款待的宾客名单之内。于是他明白"被天庭赐封"是一个谎言,根本是把自己当作傻瓜来戏弄。孙悟空大发雷霆,把酒席上的仙桃与美酒从头到尾吃了个精光,捣毁了"蟠桃大会"。

王母娘娘

清代,从三月一日到三日,供奉王母娘娘的北京东便门内的太平宫举行庙会,人们唱着歌,饮着桃花酒,据说可以消除百病。

年年有个三月三,王母娘娘庆寿诞,各洞神仙来上寿，蟠桃美酒会群仙。

三月三日不仅庆祝王母娘娘的生日，还会举办"三月会"庆典。这一天，人们抬着守护神"城隍"的塑像到街上游行。走在先头的仪仗队举着五颜六色的旗帜，敲锣打鼓，声响不绝于耳；后面跟着耍龙灯与狮子舞的队伍。

家家户户用五颜六色的物品装饰一新，挂灯笼，放爆竹，就像正月一般热闹。

今天，虽然在大城市里这一民俗已经没落甚至消失了，但是在一些地方县城，依旧会举行盛大的活动。

"三月会"的传说

关于"三月会"的习俗，民间流传着一个故事。

春秋战国时代，四川的忠县是巴国的重要城镇。镇守的将军是贤明的地方官，非常体恤百姓，人们过着安稳的生活。可是，不幸的是，巴国突然遭到南方的邻国入侵，情势不利。小国巴国战败了，只能求助于楚国。贪婪的楚王虽然为巴国驱逐了敌人，但是作为报酬，他强迫巴国割让三个城池给他。其中一个就是忠县。

镇守将军对于楚王的贪婪十分愤慨。百姓们向他倾诉，无论送什么金银珠宝都可以，唯独不能将领土划归给楚国。

巴国的国王非常理解百姓的心情，他向楚王请求以财物报偿，可是楚王不答应。

不久，楚国的使者来了，逼迫巴国割让。镇守将军对使者说："没有一个百姓愿意归属楚国，所以我不能将城池交出去。作为替代，请将我的首级献给楚王。"

话音刚落，便在使者的面前拔出宝剑自刎。使者吓得不知所措，无奈只能捧了镇守将军的首级向楚王报告。楚王大惊，长叹一口气说道："镇守将军如此不惧生死，百姓必定也不怕死。如果百姓不顺从，即便我起兵攻下县城也没有什么意义。"便打消了派兵的念头。

镇守将军用自己的头颅守卫了巴国的领土，保障了百姓的平安生活。人们为了感谢他，为他建了庙宇，称其为"土主庙"。

三月三日正是将军自刎的日子，所以在这一天，百姓们抬着他的塑像，举行盛大的游行。这一天就被称为"三月会"，流传至今。

清明节扫墓

中国的传统节日一般都是按照农历进行的，只有清明节是例外。清明出自二十四节气，是春分之后的第15天，新历为四月四日或四月五日。因为此时正是农历二月底到三月初的时节，所以也被称为"三月节"。

在日本，春分前后是扫墓季节，而中国，自唐代以来扫墓都是在清明节举行的。

土葬在祭扫时，首先要清扫墓地，培上新土。然后供上祭品，插上线香或蜡烛。在墓前磕头，焚烧金银锡箔或者黄色的"黄表纸"，这将成为彼岸使用的钱财。

扫墓之前，需要事先将纸分成几组，写上故人与扫墓人（寄信人）的名字。

烧纸的时候，为了避免被旁边没有亲属的神灵领取，就要在地面上画一个大大的圆圈，在这个圆圈的中央进行焚烧。尽管如此，因为怜悯那些没有亲属祭扫的神灵，所以一般也会在圆圈的外面稍微烧一点纸。最后，在墓的顶端放上人造花或者几张"黄表纸"，压上几块石头以防被风刮走，作为扫墓结束的标志。如果清明节之后墓地上仍然没有放上纸的话，则被视为没有亲属的"无缘冢"。

城市里火葬普及，土葬较少，所以扫墓的方式也稍微有点不同。

将遗骨装进"骨灰盒"，放入奉安堂。各户人家前往奉安堂，擦拭干净骨灰盒。然后，插上线香与蜡烛进行祭拜。

与日本沉默的祭拜不同，中国人的扫墓不论是土葬还是火葬，特别是女性常常在墓前磕头，大声哭泣，向故人倾诉自己的心情或辛劳。要哭上一阵，才在同行人的安慰下停止哭泣。

清明节扫墓

清明节除了扫墓之外，从古时起便有"踏青"（踩踏郊外刚刚生发的草坪)与"插柳""戴柳"(为驱魔辟邪,将柳枝装饰于屋檐下,或者制作成圆环挂在脖子上、戴在头上)的风俗,俗语称:"清明不戴柳,来世变黄狗。"这是针对整个冬天都蛰伏在家中的人们,建议以戴柳的名义前往郊外游玩。

古时有踢足球、荡秋千等游戏活动,今日有郊游野炊。另外,或许与踏青插柳相关,现在还制定了植树节,各地都会举行植树活动。

此外,虽然近年来城市里不再流行了,不过,从前将清明节的前一天叫作"寒食节",当日不开灶火,只能吃冷食。

清明插柳的由来

关于在清明节的前日吃冷食,在正日子里将柳枝戴在头上的习俗,也流传着这样一个故事。

战国时有一个名叫介子推的清官。他随同晋公子重耳(公元前697—前628年)流亡至卫国。一天,二人在山中迷了路,好几天都没有进食了,重耳公子饿得头昏脑涨,眼冒金星,连一步也走不动了。在这荒山野外,要想寻找食物谈何容易。重耳坐在破草席上绝望了,仰天长叹:"重耳死不足惜，可我担忧将来晋国的子民如何安乐生活啊。"

介子推听了后，对此时还不忘黎民百姓的重耳深为感动，他割下自己大腿上的肉，烧熟了给重耳吃。饥肠辘辘的重耳瞬间一扫而空。后来重耳知道了这件事，他热泪盈眶地对介子推说："你对我如此忠心耿耿，来日我必定回报你的恩情。"

介子推却说："我不需要您的报恩，只要您不要忘记我的真心就足够了。希望您能牢记所尝尽的辛酸苦楚，成为体贴百姓的清廉国君。"

重耳虽然流放了十九年，但是晋国的忠臣们终于打倒了奸臣，将他迎接回来做国君。

归国途中，当车子越来越靠近都城的时候，重耳看着这些年来与他一同颠沛流离的破草席，觉得实在是破烂不堪，便用宝剑戳着破草席，扔到了路边。跟在车后的介子推拾起破草席，沉思许久，悄悄地返回了故乡。

重耳当上了国君，对于在流亡期间陪伴他的侍从们——加官晋爵，却全然忘记了介子推。后来有人责问处理不公，重耳才想起了往事，赶紧派使者去迎接介子推。可是，不论使者请了多少次，介子推根本无意出山。重耳无奈，只能自己亲自出迎。不料，介子推家的大门上了锁，人影全无。向邻居打听之后才知道，原来介子推为了躲避重耳，背着老母亲逃进了绵山①。

重耳带兵进入绵山搜索。可是，介子推已经背着老母亲逃走了。在深山老林里搜寻隐居之人谈何容易，正在无计可施之时，一个手下前来献策。把山头围住仅留一个出口，再从三个方向烧山，树林着火了介子推自然就会出来。于是重耳下令焚烧绵山。山上的枯木与干草趁着风势燃起了熊熊大火，大火烧了三天三夜，介子推终究还是没有出现。等到大火熄灭后，士兵们将绵山搜了个遍，终于在一棵烧焦的柳树下发现了身背老母亲死去的介子推。重耳紧紧抱住介子推的遗体，放声痛哭。

就在这时，他发现介子推倚靠的大树上有一个洞，里面好像藏了什么。取出一看，原来是衣服上撕下来的布条，写着血书：

割肉奉君尽丹心，

---

① 绵山，位于山西省。被视为清明节（寒食节）的发源地。起源于春秋时晋国介子推携母隐居被焚在山上，所以绵山又名介山。

> 但愿主公常清明。
> 柳下做鬼终不见,
> 强似伴君做谏臣。
> 倘若主公心有我,
> 忆我之时常自省。
> 臣在九泉心无愧,
> 勤政清明复清明。

重耳看了这片血书,将其装进怀中,把介子推与老母亲埋葬于烧焦的柳树下。为了避讳烟火气,这一天被定为"寒食节",训示全国在这天都要吃冷食。

翌年,重耳率群臣来到绵山,先在山下吃一天冷食,次日着丧服,徒步登山,表示哀悼之意。到了墓前一看,原本已经烧焦的柳树竟然复苏了,无数的新芽在风中摇曳。重耳看着柳树,就好像见到了介子推。他取了一根柳枝,做成圆圈状,戴在了头上。

群臣见此,纷纷模仿,将柳枝戴在头上。等到群臣祭拜过墓地后,重耳将这棵复活的柳树命名为"清明柳",而这一天也被定作"清明节"。

重耳无时无刻将介子推的血书揣在怀里,他将清廉君主作为座右铭,埋头于政务之中。后来,成为春秋五霸之一的著名的晋文公就是他。

从那以后,寒食、清明节就成为举国上下最盛大也是最庄重的节日。在这一天,人们会将柳枝折成圆圈戴在头上,或者带回家插在门上。

清明节的"祭墓""插柳""戴柳""寒食"就这样流传到了今天。

四月八日浴佛节

关于释迦牟尼有四个重要的日子。二月八日是其出家之日,二月十五日是其升天之日,在佛教中被称为"涅槃",十二月八日是其在菩提树下参悟之日,以及四月八日是释迦牟尼的生日。

这一天,每家寺院供奉经书,为佛像洒上浸泡了沉香或兰花的香水或甜茶,庆祝其降生,为此这一天也被叫作"灌佛节"或者"浴佛节"。

传说从前有个名叫"迦毗罗"的小国,国王"净饭王"是一个英明的君主,王妃摩耶美丽有德行。国王年迈,摩耶也步入了中年,但是还没有怀孕生子,二人经常为后嗣的事情闷闷不乐。

有一年春末夏初的时候,王妃一人在鲜花盛开的庭院里沐浴着温暖的阳光。在鸟语花香之中,和煦的微风吹来,扫她心中的忧愁。就在她沉浸于美景之时,天空中出现了一头长着六根象牙的白象,在五彩祥云的簇拥下姗姗而来,忽地一下从王妃的右腋下钻进了腹中。

王妃一惊,从陶醉中清醒了过来。感觉身体就像是沐浴了兰花的香汤一般,心中十分舒畅,然后王妃就怀孕了。

十月怀胎,王妃在侍女的陪伴下回到娘家待产。

那时正值阳光明媚的春日,王妃悠闲地散着步,欣赏着旖旎风景。当她走到蓝毗尼园的时候,忽然感到了临产征兆,侍女们便将其安置于无忧树[①]下准备生产。

万里无云,阳光普照大地,周围响起了优美的音乐。摩耶伸手抓住了树枝,突然,从右腋窝下跳出来一个胖乎乎的婴孩,这就是后来被称为佛祖的释迦牟尼。

---

① 无忧树(学名:Saraca asoca),小型乔木,叶长8厘米—30厘米,为长椭圆形或长椭圆状披针形。原产于印度、中南半岛及中国云南、广西一带。树皮及果实可作为药用。

婴孩一生下来,立刻就往四面八方各走了七步,左手指着地面,且念念有词:"天上天下,唯我独尊。"这就是佛教中的"十方"①。而且,其步履所及之处莲花开放,这就是后来普度众生的预兆。这一举动震惊了四方,天女在天空中散花,天使在奏乐。九条龙喷吐出兰花香水,为太子沐浴。

因为九龙为太子喷洒兰花香水为其沐浴,所以后来就演变成满怀着敬意将兰花香水或者甜茶洒在佛像身上,洗去一年的尘埃的习俗。

端午节

五月的节日中最重要的莫过于初五的"端午节"。五月五日是这个月的第一个"午"日②,所以叫作"端午",因为有两个五重复,所以又叫"重午"。

从前,从五月一日起就算是端午节。虽然今天基本上只在当天举行庆祝,不过购物等准备活动早在几天前便开

---

① 佛教原指十大方向,即上天、下地、东、西、南、北、生门、死位、过去、未来。

② 午是十二地支中的午。午为仲夏,节令是农历五月,这时的火势正旺。午的位置在正南方,五行属火、土,颜色赤黄,所以有烽燧之称。同时午生肖为马,而烽燧恰是戎马兵火所处的地方。

始了。家家户户将时令水果摆在桌上(这是从前供奉神灵的习俗);在大门或窗户的两侧插上菖蒲与艾叶,挂上用五色麻线绑着的小扫帚;将描绘了卍字①、老虎、葫芦、蝙蝠(取义"万福")、钟馗画像等纸片作为神符贴在门楣上。

艾叶与菖蒲,寄予了人们祈求幸福与平安的愿望。在民间广为流传着这样一首歌谣:

五月五日午,
天师骑艾虎。
手持菖蒲剑,
斩蛇入地府。

也就是说,艾叶是马与虎,菖蒲是宝剑。传说如果天师与钟馗骑着马,挥舞着宝剑站在入口处的话,妖魔鬼怪就会闻风丧胆,不敢钻进家中祸害。

钟馗是唐代人,参加了京城的科举考试,高中状元。皇帝接见会试录取的贡士时,看到满脸胡须、长相丑陋的

---

① "卍"字是在佛像及佛教文物中常见的符号,是佛陀三十二种大人相之一。据《长阿含经》,它是第十六种大人相,位在佛的胸前。

年中行事 69

除魔神・钟馗

钟馗，顿时心生厌恶。更听信了奸臣的谗言，取消了钟馗的成绩。钟馗悲愤不已，自尽了。皇帝听到这个消息，才醒悟到自己失去了良才，后悔莫及。他赐予钟馗宝剑，封其为驱魔大臣，去消灭天下的恶魔。

还有一个传说。

钟馗参加了京城的科举考试，在回乡的途中遭遇大雨。百无聊赖的他，在船中与一位乘客一起饮酒消磨时间。那位客人的怀中揣了一个小瓶子。钟馗问他："这里面装了什么啊？"客人答道："这是瘟疫之水。"原来这个客人是瘟神。某地百姓作恶多端，玉帝为了惩罚他们，派瘟神前去播撒灾难。只要在水井中滴上一滴水，人畜就全部灭亡。

钟馗动了恻隐之心，趁客人不注意，偷了瓶子一口饮尽，很快便吐血身亡。

后来，一天夜里，皇帝梦见一只大鬼抓了一只小鬼一口吞下，吓得大叫："你是谁？"大鬼说："我是钟馗。我是为陛下驱除恶魔的。"皇帝便命人按照他梦中所见，绘制了钟馗像，并让百姓们都挂上这个驱魔神像。

女人与孩子们会将花布、丝线制作的各种形状的香囊挂在腰间。临近端午节的时候，去中药房免费领取纸包的香草面（香料粉末），装进香囊中。对于幼儿，则是用各种颜色的布制作成老虎、葫芦、瓜、大蒜头、豆、樱桃、艾叶、菖蒲、大葱等形状的香囊，用彩色丝线串上挂在脖子上。

据说这些香囊具有免疫与辟邪的功效。按照现代医学的解释，利用菖蒲、艾叶、香囊等香气驱赶蛇、癞蛤蟆、蜥蜴、蝎子、蜈蚣"五毒"，不让其靠近。在大门的门楣上悬挂五色扫帚便是针对这五毒的，是将五毒扫除的咒语。另外，幼儿所佩戴的用五色绣线编织的手链或脚链，也是出于同样的寓意。

端午节的当天，在郊区与农村，一大早天才蒙蒙亮，人们便前往田野采摘艾叶与菖蒲（一般认为，前日采摘的不如当日好，日出前采摘的为最佳），同时还要用毛巾蘸取露水。用这个露水打湿毛巾，擦脸洗眼便可提高免疫力，用艾叶与菖蒲泡水，清洗身体或洗脚，便能除病消灾。[①]

端午节过后，将艾叶晒干搓成绳子，代替蚊香使用；

[①] 端午日洗浴兰汤是《大戴礼》记载的古俗。当时的兰不是现在的兰花，而是菊科的佩兰，有香气，可煎水沐浴。《九歌·云中君》亦有"浴兰汤会沐芳"之句。《荆楚岁时记》："五月五日，谓之浴兰节。"《五杂俎》记明代人因为"兰汤不可得，则以午时取五色草拂而浴之"。后来一般是煎蒲、艾等香草洗澡。

或者扎成一束,在婴儿出生后第三天煮水洗澡。还要捕捉冬眠醒来的蛤蟆。往蛤蟆的嘴巴里塞进墨锭,按到肚子里,再吊着阴干。虽然方式比较残忍,但是民间认为孩子如果感染了腮腺炎,用蛤蟆口中衔着的墨锭进行涂抹,便可以取得治疗效果。①

在端午节捕捉的蛤蟆被视为效果最佳,因此,从端午当日起,各地都有捕捉蛤蟆的风俗。所以,对于蛤蟆来说,自端午起连续几天简直就是世界末日。

俗语有言:"蟆避端午,藏过初五躲不过初六。"就是形容想要逃避却又无可遁形的情况。

在这一天,饮用雄黄酒(将雄黄[含有砒霜的矿物质]的粉末与蒲根切碎后用高粱酒浸泡)。在幼儿的额头上用雄黄酒描写王字(仿虎头的模样);涂在鼻孔、耳孔等处,可

---

① 这是最古老的端午节习俗之一。《夏小正》载:"此日蓄药,以蠲除毒气。"《岁时广记》卷二十二"采杂药"引《荆楚岁时记》佚文:"五月五日,竞采杂药,可治百病。"北魏《齐民要术·杂记》中,有五月捉蛤蟆的记载,亦是制药用。后来有不少地区均有端午捉蛤蟆之俗,如江苏于端午日收蛤蟆,刺取其沫,制作中药蟾酥;杭州人还给小孩子吃蛤蟆,说是可以消火清凉、夏无疮疖。还有在五日于蛤蟆口中塞墨锭,悬挂起来晾干,即成蛤蟆锭,涂于脓疮上可使其消散。这种捉蛤蟆制药之俗,源于汉代"蟾蜍辟兵"的传说。

辟邪除虫。还要品尝绘有蝎子、蛇、蛤蟆、蜈蚣、蜥蜴纹样的点心，也会赠送与人，这个点心叫作五毒饼。

出于端午节饮雄黄酒的渊源，在这一天还经常上演戏曲《白蛇传》。

白蛇传

《白蛇传》是自古以来民间流传的一个故事。

在四川省峨眉山里修炼千年的白蛇，因为爱慕人间，便与妹妹青蛇变成小姐（白素贞即白娘子）与侍女（小青）的模样，来到西湖游览。美不胜收的风景，让白蛇愈发感受到人间俗世的魅力，不愿意重返山中。当她走到西湖的"断桥"时突然下起了雨。正巧，药铺学徒许仙为双亲扫墓归来经过此地。见到两个姑娘因为没有躲雨之处而发愁，许仙便爽快地将自己的雨伞借给了她们（这段情节

剪纸：《白蛇传》（许仙劝白娘子饮雄黄酒）

在戏曲中叫作"游湖")。

因为这个契机,许仙与白娘子情投意合,不知不觉间相爱了,不久便结婚了。婚后二人十分和睦幸福。

二人打算开一间药铺,可是许仙没有钱。小青得知后,便从恶官的家里偷了钱出来,送给许仙。于是,许仙靠着这笔本钱在钱塘开了间药铺。

这一年,钱塘一带发生了瘟疫,百姓们花重金请金山寺的法海和尚医治。而穷人因为没有钱,就只能等死。白娘子见到这般情形,于心不忍,便分送药物,治好了人们的疾病。不料这个行为激怒了法海。他来到药铺,恐吓许仙:"你被妖怪附身了。你家中有妖妻,这样下去命不保矣。"

许仙便问法海如何是好。法海教他在端午节的那天,劝白娘子喝下雄黄酒。

到了端午当日,许仙劝白娘子喝雄黄酒,快快乐乐过节。白娘子已有身孕,本不愿喝酒却架不住许仙的好意,只能勉强喝了一口。顿时就觉得胸中难受,躺倒在床上。许仙还想劝她喝点酒,一拉床帘,床上竟然盘旋着一条巨大的白蛇。许仙被吓得魂飞魄散,当场昏厥倒地。

要挽救许仙的生命只有一个办法,那就是喝下南极仙翁瑞草园中的灵芝草。白娘子虽然知道这个办法，可是瑞草园中有鹤童与鹿童二童子严格把守着。当她盗取了灵芝草准备回来的时候，被二人发现了，展开了一场激战（这个情节在戏曲中名为《盗仙草》）。

许仙喝下了灵芝，药到病除。可是，法海依旧不甘休，将许仙骗了出来，关进金山寺的禅房，强迫他出家。

白娘子为了讨回许仙，与小青一同乘船前往金山寺。法海仗着权势，与白娘子展开了一场恶战。白娘子与小青发动了水族，水漫金山。但法海也不甘示弱，水涨得越高，金山寺变得也越高，胜负难分（这场斗法在戏曲中名为《水漫金山》）。

然而，在激战的最后关头，白娘子腹痛难忍，无法再战，只能逃跑。

主仆二人又一次来到了西湖的"断桥"，许仙也趁着金山寺的一片混乱逃出寺院，来到了断桥。小青拔出宝剑想要杀了许仙，被白娘子拦下。许仙跪下请求原谅（这个内容在演出剧目中名为《断桥》）。

最终白娘子原谅了许仙，不久，白娘子感到临产的迹象，三人暂且到许仙的姐姐家中栖身。

很快,白娘子生下了一个男孩,取名许仕麟。法海想要一雪宿怨,便向佛祖借来了"紫金钵",将白娘子封印在西湖边上的雷峰塔下。小青重回峨眉山修炼,经过十八年的努力,终于修炼成无敌之身。

某天,许仕麟随父亲来到雷峰塔下祭拜母亲。小青也来了。小青火烧雷峰塔,救出了白娘子。母子二人终于得以相见,一家团圆(这段就是剧目《祭塔》)。

粽子与赛龙舟

端午节最大的特点就是家家户户包粽子、吃粽子。

粽子在南北方的制作方法不同。北方,是在糯米中包进红枣或者红豆馅儿,用芦苇叶(三到四张叠起来,扩大宽幅)包成正三角形的锥体,再用干燥的菖蒲叶扎起来。将粽子煮熟后蘸白糖吃。有时候也用黄米代替糯米,里面掺进赤豆。

南方,是在糯米中包进肉、火腿、虾米、咸蛋黄等馅儿料。

粽子的起源,据说是为了纪念爱国诗人屈原。

战国时代(公元前403—前221年),侍奉楚怀王的屈原,主张联合邻国抗秦。秦国派张仪为使者来到楚国,收买了怀王的宠妃郑袖姬，向楚王进谗言。屈原因此被流放到江南。担忧祖国危机的屈原，祈求能够让楚王从迷惘中醒悟过来，在《离骚》等诗篇中抒发了对故国的思念。不久，他得知楚国即将被秦灭国，悲愤绝望地投进了汨罗江。这天正是旧历五月初五。

仰慕屈原的楚国百姓，为屈原的死悲伤万分。至少要寻得屈原的遗体吧，他们摇着船，在河底百般搜寻，却怎么也找不到。为了让河底的屈原不会饿肚子，每年到了屈原的忌日，百姓们就会在竹筒里塞满米饭，投进江中。有一天，一个百姓做了一个梦，梦见了屈原的灵魂。

"难得众人好意给我送饭，可惜都被鱼、蟹、虾、龟吃光了。以后你们用芦苇叶或者竹子皮包成三角形状的饭团投给我，那些鱼虾以为是菱角，大概就不会吃了吧。"

后来，屈原又一次显灵。

"包成三角形状确实有点效果，可还是会被鱼虾吃掉。以后在送饭的时候，请在船头套上龙头，这样鱼虾看到龙王来了就会避开，也就不用担心被它们吃掉了。"

这就是粽子与赛龙舟的由来。

赛龙舟

还有一个传说。

五月五日的早晨,在得知屈原投进了汨罗江之后,江上的渔夫、岸上的农民,纷纷赶到屈原投江的地点。眼看着船只排成了队,岸上挤满了黑压压的人群。渔夫们流着泪,拼命寻找着屈原的身影,终究没有发现。于是,一个渔夫用芦苇叶包了米饭,跟煮鸡蛋一同投放于江中四处,喂饱了蛟龙鱼虾,这样他们就不会吃屈原的身体了。人们看到他的这个办法,纷纷效仿,接连不断地将食物投进江中。

一个年老的医生将一缸雄黄酒倒进江中,打算灌醉蛟龙鱼虾,守护屈原。果然,水面上浮起一匹昏厥的蛟龙。在它的胡须上还戳着一片衣服,人们认定必是这头畜生伤害了屈原,便把它拖到岸上,抽筋剥皮。将龙的筋套在孩子的头颈、手腕和脚踝上。用雄黄酒涂抹在鼻孔、耳朵上,这样就能像屈原一般免受毒蛇害虫的侵犯。

之后,每年到了五月五日,人们为了纪念屈原举行龙舟赛、在手腕套上五彩手环,将粽子、煮鸡蛋、雄黄酒等投进江中。在一些远离江河的地方也会蒸粽子、煮鸡蛋,祭奠屈原的魂灵。

赛龙舟是一种竞技赛,各村镇县城都会举办。将船装饰成龙的形状,召集二十多人划桨。几十艘船兴高采烈地敲锣打鼓,据说这样可以赶走河中的鱼虾水族。

今天,在日本广为人知的长崎、冲绳的"飞龙赛"[①],不言而喻,就是从中国的福建流传过去的。

---

① "培隆"是长崎在夏季举行的传统划船比赛,每年各地都会举行大会。船上坐着24名划桨手和舵手、击鼓手、敲锣手等4人。其他地区也有划手人数为26人的比赛。在中国的华中、华南一带举行的端午节龙舟竞渡,据说是江户时代传到长崎的龙舟竞渡的起源。

招待出嫁女儿的习俗

古时,六月有习俗:六月六日晒书虫;农家祭拜虫王或土地神,以防虫害;六月二十四日祭奠关羽,消灾除厄。但在今天,除了一些地方农村尚有保留外,几乎都不再举行这些风俗仪式。城市里就更不用说,完全不见此类活动。

在农村的一些地方,六月六日保留了迎接家里出嫁女儿的"请姑姑"的习俗。

其由来源自一个传说。

春秋战国时代,晋国有一个名叫狐偃的宰相。精明能干,从国君到百姓没有一人不敬佩他的。每年一到六月六日宰相的生日,人们就前来拜寿送礼,门庭若市。就这样,宰相被捧得高高在上,渐渐地变得傲慢起来。时间久了,很多人对他心生不满。可是对方是位高权重的狐偃,人们虽然牢骚满腹也只能往肚子里咽。

狐偃有个女婿,其父是当朝的功臣赵衰。他对狐偃的做法很反感,毫无顾忌地当面指责其错误。狐偃不仅听不进去,还在众人面前破口大骂。

赵衰年老体弱,受其辱骂不久后去世了。女婿对岳父的冷漠怀恨在心,决心要为父亲报仇。

第二年,晋国大旱,狐偃前往外地赈灾。出发之际,他关照仆人,六月六日的生日宴一定会回来。狐偃的女婿得知这个消息,暗自欣喜。他召集了最亲近的亲戚与朋友,准备在六月六日宴会上行动,刺杀狐偃以报父仇。

到了夜里,女婿试探性地问妻子:"像岳父这样的人,天下百姓恨不恨?"

狐偃的女儿答道:"这还要问吗。连我们都恨他的话,外面的人岂不是更加厉害?"

女婿自以为夫妻感情深厚,便把自己的计划向妻子和盘托出。妻子一听,大惊失色。她迟疑了很久才答复:"我是你赵家的人。娘家的事我不能插手,你觉得对那就听你的。"

从那以后,狐偃的女儿每天都过得战战兢兢的,她恨自己的父亲为什么这么狂妄。可是想到父亲对自己也爱护有加,要杀他实在太残酷了。而且,身为亲生女儿,怎么忍心看到父亲被杀呢。她犹豫再三也无法下定决心。

终于到了六月五日。午后,女儿抛下了丈夫,跑回了娘家。她问母亲:"丈夫与父亲,哪一个更重要?"

母亲见女儿神色慌张,感觉很奇怪。

"父亲,就像是你的头颅一般的存在,被砍掉了就再也不能生还。丈夫，就好比你穿着的衣服，就算脱了也还有替换的。"

听了母亲的回答，女儿将丈夫的计划告诉了母亲。母亲大惊，急忙向狐偃报信，同时家里也着手应对。

狐偃的女婿得知妻子跑回了娘家，断定机密被泄露了。他料想狐偃归来后势必要将他处刑，只能在家里等待着。

六月六日的早上，仆人慌慌张张地前来报告。

"少爷！狐宰相亲自来接少爷了。"

"接我？"

女婿苦笑着，心知罪不可赦，但依旧整理好情绪，到大门口迎接狐偃。不曾料想，狐偃见到女婿后，脸色没有丝毫改变，二人并肩骑着马前往宰相府。

那一年的生日宴会，狐偃一改惯例，不再坐在上座等待众人参拜，而是郑重地将女儿女婿迎到了上座。

女儿女婿不明就里，忐忑不安地入座了。狐偃对来宾说道："我这次前往外地赈灾，亲眼目睹了百姓的疾苦，深刻体悟到这些年来自己犯下的过错。今日，贤婿原本设计杀我，固然狠毒，但这全然是出自为民除害、为父报仇的心愿，我绝对不会问责于他。而对于救父亲于危难的孝顺女儿,我更是心存感激。无论如何,请贤婿看在我的面子上,将往日的怨恨化为乌有吧。今后我们好好相处。"这一席话让满堂宾客听得目瞪口呆。女儿与女婿在父亲面前跪下,请求原谅。狐偃急忙伸出手扶起二人坐下。客人们纷纷道喜,这真是双喜临门。

从那以后,狐偃改过自新,与女婿的关系日益亲密。并且,为了吸取这个教训,狐偃每年六月六日必定会接女儿女婿上门,丰盛款待。

这个故事后来在民间广为流传,百姓们纷纷仿效狐偃,到了六月六日便迎接出嫁的女儿回娘家,好好招待一番。日积月累,这个习惯逐渐演变成化解仇恨、消除灾难的吉利风俗。

七夕姑娘

七月七日称为"七夕",是牵牛与织女在天河一年一度相会的日子。

在中国,"七夕"也叫作"巧日"(灵巧的日子)、"七巧节"(变得灵巧的节日)。这一天会品尝"乞巧果"(祈愿灵巧的点心)。

到了晚上，女孩子们聚集在一起，按照"乞巧"的风俗祭拜牵牛与织女。在庭院里摆上桌子，上面陈列甜瓜、西瓜等供品，祝福牵牛与织女的重逢。然后，用七根针穿上各种颜色的丝线，与供品一同装饰起来，寓意着变成心灵手巧的织女。

供品之一是七个饺子，这是七个女孩每人各带来一小把面粉、一种蔬菜制作而成的。饺子里面分别包进了柳叶剪成的剪刀、缝针、刺绣针、棉被针、梳子等七样东西。当牵牛星与织女星升起的时候，七个女孩点上香，向着天河唱道："七月七日是七夕，牵牛与织女相会的日子。牵牛哥哥！织女姐姐！请早日相会吧！"一边许下自己的心愿。第二天的早上，七个女孩各吃一个饺子。吃到了某样东西，就表示在这方面会变得非常灵巧。

在有些地方，女孩在盆里装满水，将"秆"（稻穗芯、稻草）切成针的长度，漂在水面上。通过盆底的倒影，占卜或祈求做得一手熟练的针线活。

传说从前在深夜时分，悄悄潜入葡萄架下，拨开密密麻麻的葡萄叶一看，牵牛与织女正在相会。而且还能听到他们的说话声。有时候，天气明明很晴朗，突然啪啪啪地下起雨来。据说这是因为牵牛与织女一年才得以相会一次，分别的时候伤心落泪。当然，今天没有人会相信真有其事，只是传说而已。

另外，在这一天每家剧院都会上演牵牛与织女的传说《天河配》。

牛郎与织女

牵牛在汉语中叫"牛郎"，织姬叫"织女"，关于二人的传说，中日差异很大。

牛郎与织女

假设问一下日本人，牛郎与织女是否育有子女，大概很多人都回答没有吧。但是在中国，人们认为牛郎织女是有孩子的，而且还是一男一女两个孩子。

从前，有个小伙很早就失去了双亲，跟哥哥嫂子三人相依为命。哥哥温顺善良，嫂子在哥哥的面前假装很亲切，但背地里总是欺负弟弟。弟弟每天放牛，人们都叫他"牛郎"。

一天，牛郎牵着牛去草地吃草。他一边看着牛，一边倚靠在大树荫下，忽然一阵困意袭来，迷迷糊糊地竟然睡着了。在梦中，老牛跑到他的身边，开口说起话来。

"你哥哥是个好人，但是嫂子心眼很坏。她打算杀了你。今天傍晚回家后，嫂子会很热情地招呼你吃面条，你绝对不能吃，那面条里面下了毒。你要赶紧离开兄嫂，分开住才能保全你自己。如果不这样做，不知道哪一天就会被投毒。等到分家产的时候，你记住，别的东西都无所谓，老牛一定要带走。"

牛郎醒来，看看老牛，什么变化也没有，只静静地吃着草。牛郎虽然觉得不可思议，但还是牵着牛回家了。刚进院子，就听到嫂子叫他。

"牛郎，你肚子饿了吧。我煮了面条，快点来趁热吃。"

嫂子端着大碗过来，劝牛郎吃下。牛郎拿着碗，不知道该怎么拒绝。老牛看到了，猛地用犄角撞了过来，将碗打翻在地。这时候，一旁的狗呼噜呼噜地吃起面条来，不一会儿就吐血死了。牛郎这才相信那个梦是预兆梦，他告别了兄嫂，牵着牛开始了单身生活。

过了一阵，一天，牛郎又做梦了。

老牛对他说："牛郎！明天有七个仙女会到对面森林里的池塘洗澡。其中一人获得了玉帝的许可，可以下凡到人间，你去那儿把挂在树枝上的'天衣'偷一件出来，那个仙女就不能再回到天上。你就能跟她结为夫妻了。"

原来这头牛可不是普通的牛，而是天上的金牛星变幻的牛。到了第二天，牛郎早早地按照牛的指示，偷了七仙女中的"织女"的天衣，于是二人结成了夫妇。

牛郎每天牵着牛去田里干活，织女在家中织布，美满的日子一天天过去了，牛郎和织女生了两个孩子。可是，"好花不常开，好景不常在"，一天，牛郎做了一个奇怪的梦。梦中，老牛流着眼泪对他说。

"织女下凡到明日正好是七年，期满了，她必须听从玉帝的命令返回天庭。分别的日子已经来临，唯有一个办法，那就是杀了老牛我，剥了牛皮，明天织女升天的时候，你披上剥下的牛皮，带上孩子们一同追赶。如果能够半路截住织女的话，那么就能把她带回来。"

当天晚上，老牛一头撞在了岩石上，死了。牛郎一边哭一边剥皮，还准备了两个箩筐让孩子坐在里面，自己用扁担挑着。

第二天早晨，织女将自己这些年来所织的堆积如山的布匹交给了牛郎，跟他告别。织女紧紧地抱着两个爱子，泪流不止。可是她不能违抗玉帝的命令。离别的时间终于到了。织女挣脱了死死拽住她的孩子，飞上了天空。牛郎赶紧用扁担挑起箩筐，前后各坐一个孩子，披上了牛皮，直追织女。眼看着差一点就能追上了，这时候王母娘娘（传说是玉帝的妻子，织女的母亲）出现了，她用头上戴着的发簪在织女与牛郎的中间画了一条线。这条线成为了"天河"，滔滔河水将二人阻隔在东西两岸。牛郎织女只能远远地望着天河，惆怅万千。牛郎将牛头颈上套的牛轭[①]扔给织女，织女则扔给他织布用的"杼"（梭子），作为彼

[①] 牛轭，耕地时套在牛颈上的曲木，是牛犁地时的重要农具，与犁铧配套使用。

此的信物。

喜鹊看着悲伤欲绝的二人于心不忍，于是每年的七夕之日，成千上万的喜鹊飞来，在天河上方用自己的身体架起一座鹊桥，让牛郎和织女在鹊桥上相会。

晚上，仰望万里无云的夜空，天河的东面有三颗星连成了一条直线。中间最大的明亮的星星就是牛郎，一前一后两个小星星是两个孩子。左边的四颗星，是织女扔过来的信物，菱形的"杼"。天河的西面闪耀着织女星，在其右侧的三颗星正是牛郎扔过来的信物，三角形的"牛轭"。

七仙女织女

虽然与七夕节没有直接的关系，织女另有一个传说。

第七个仙女是织女，她是七姐妹中最小的一个。因为不堪忍受天界的孤独，偷偷地下凡。半路上，她遇到了为葬父而卖身、前去地主家当长工的孝子董永。二人不知不觉中坠入了爱河，就请路边的老槐树做媒，在树下成亲了。

结婚后，二人一同去地主家干活。可是，因为卖身契上写的要求是"无牵无挂"，现在突然冒出来一个女子，地主刁难不肯收留。在董永百般请求下，地主勉强答应了，但他提出一个苛刻的条件：一个晚上如果能够织出十匹金丝缎子，那么就将三年的卖身契改成百日；如果完成不了，那么在三年期限之后再延长三年时间。七仙女爽快地答应下来，董永却焦虑万分。

到了夜里，七仙女挨到董永睡了，点燃姐姐送给她的"难香"（遇到困难时点的香）。不一会儿，天庭中的仙女们便闻到了香味，赶了过来。听了妹妹的诉说，姐姐们运来了天丝，一同织布。一晚上便完成了十匹金丝缎子。

第二天，夫妻二人将金丝缎子送到了地主家。于是，百日期满后，二人离开了地主家，回到了自己家中。后来生了一个男孩，幸福地生活在一起。

不料，七仙女下凡的事情被玉帝知晓了，玉帝大发雷霆，派出了使者，命令在日落之前将七仙女带回去。如果七仙女不服从，就会派遣天兵将董永大卸八块。七仙女一听到要杀害董永，便决意与其分别，二人来到了昔日做媒的老槐树下。

以前总是倾听董永心声的老槐树，这一次却不管怎样呼唤都没有回音。相爱的夫妇不得不在此别离，这是多么痛心的事啊。董永伤心地昏了过去，使者趁机拽住七仙女飞上了天界。

在戏曲中,常常把这个故事表演为《天仙配》或者《槐荫记》。

牛郎与织女(吴友如①的木刻)

盂兰盆会

七月十五日是中元节。在日本,一说到中元节就会联

---

① 吴友如(约1840—1893年),清末画家,江苏元和(今吴县)人。工人物、肖像,咸丰间避兵定居上海。中国时事新闻风俗画开创者,中国近代美术史上的重要画家。

想起百货商店的"夏季礼品购物节"。在中国，正月、七月、十月的满月之日分别被称为上元、中元和下元。

按照道教的解释，天、地、人三神决定了人间福祸，分别由天官掌管上元节，地官掌管中元节，人官掌管下元节。农历七月十五日是地官掌管的中元节，因此地官会来到人间，调查人的善恶。为此，民间要举行祭拜地官的仪式，诵读经文，供奉食物，超度四方不散的灵魂。

俗话说，七月一日是冥界放出亡灵的日子，也就是鬼门关开启的日子。七月三十日是收入亡灵的日子，也就是鬼门关关闭的日子。

一般正常死亡的情况下，亡灵会被带入阎王殿接受裁判，而后投胎重生。但是如果是自杀或者被处刑等非正常死亡，就如俗语所说，"极乐不受，地狱无门"，永无超生之日。另外，客死异乡，无人祭奠的阴魂不散的亡灵们，在这一个月中都会从地狱中跑出来，徘徊着四处寻找食物与金钱。人们害怕遇到这些亡灵的恶作剧而招致灾难或疾病，便供奉食物，燃烧黄纸，诵经祭奠。于是，这被称作"鬼节"（亡灵的节日）。后来，因为一个月的时间过长，就只将十五日这一天作为超度之日。

在中元节当天,还会举行融合了佛教与道教的祭拜先祖之灵的盂兰盆会。每个寺院都会诵经,为那些没能去极乐世界的灵魂进行超度。从前还会制作"法船",让前来接受供养的先祖的魂灵乘坐,等到了夜里再举行焚化法船的仪式。家里面则摆上祭拜祖先的供品,夜放河灯①。

灯笼有在荷叶上点燃蜡烛的荷叶灯、有用五颜六色的油纸制作的各种形状的纸灯。最多的要数荷花形状的灯笼了。

这些仪式活动,总的说来,都是由信仰虔诚的人们举行的,普通人一般不会参与。

盂兰盆,是梵语ULLAMVANA的汉语音译。

所谓盂兰盆,即倒悬,也就是从倒吊之苦中解救出来的意思。

关于盂兰盆会的由来,在《盂兰盆经》中记载了这样的传说。

在释迦牟尼众多的弟子中,有一个拥有神通法力的目莲。长期以来,目莲一直致力于自我的学习与修行,无暇考虑已经去世的母亲的事情。突然有一天,他想起了母亲,

---

① 放河灯,也叫放荷灯,是自古以来流传下来超度亡人的一种习俗。

非常挂念她身在何处、在做些什么,对于不辞辛劳哺育自己长大的母亲,目莲希望能够帮上一些忙。

也许现在已为时过晚,但是他还是想尽孝,做点孝顺的事情,便想方设法搜寻母亲的下落。结果竟发现母亲坠入了饿鬼道①,瘦得皮包骨头,经历着百般痛苦。

目莲大吃一惊,赶紧给母亲送去了食物。母亲非常高兴,正准备吃的时候,食物却一下子变成了火焰。惊慌失措的目莲不知道该如何是好,他跑到了释迦牟尼的身边,一边哭泣一边求助。释迦牟尼向他说明:"目莲啊,你母亲罪孽深重,所以现在坠入了饿鬼的世界,接受磨难。"

目莲听到佛祖说"罪孽深重",立刻明白这指的是吝啬、贪婪、薄情。

目莲回忆起母亲生前的事来。母亲因为过分宠溺目莲,为了目莲的幸福,常常会憎恨别人家的孩子,辱骂甚至不惜妨害别人。目莲心想,如果自己没有出生,母亲也不至于生出悭吝之心,也许就不会堕落到饿鬼的世界了,他十

---

① 饿鬼道,佛教中的六道或三道之一,在这里的人经常为饥饿和干渴所痛苦。

分内疚。尽管这种爱偏执到了坠入饿鬼世界的地步，自己也不能忘记母亲养育的恩情。可是，母亲在世时自己没能孝敬她，母亲去世后，自己也从未想起过她，这令目莲感到非常羞愧。于是，佛祖教给他一个办法。

"要想救你的母亲，作为人类的你，必须更加勤奋努力，在即将到来的自恣日①，摆上供品，祭拜十方僧众。这样做了之后，不仅你的母亲，还能拯救你的父亲，以及过去七世的魂灵。"

自恣日，就是七月十五日。从四月十五日起经过了三个月连续修行的僧人们，将在这一天得到休息，这也是对三个月来的修行进行反省的日子。

目莲每天都专心于修行，等到自恣日临近，他准备了菜肴与水果等供品。

自恣日终于来到了。目莲虔诚地将精心准备的菜肴与水果分给了僧人们，众僧非常欢喜地享用了。等到吃完饭，

---

① 自恣日，指结夏安居的最后一日，常用于佛家。来源于佛制每年一夏九十日间，僧众聚集一处安居，坚持戒律，皎洁其行，于最后一日，僧行自恣法，即请僧众举出各自所犯之过失，于大众中发露忏悔而得清净，自生喜悦，称为自恣。又十方诸佛欢喜其安居圆满之精进修行，故亦称佛欢喜日、欢喜日。

佛祖通知目莲："你母亲现在已经脱离了饿鬼世界，前往天堂了。"目莲确认母亲上了天堂，高兴得差点跳起来。于是，他对释迦牟尼说："作为佛祖的弟子，孝顺父母就应该举行盂兰盆会祭拜。"释迦牟尼听了这话，含笑点头。

中秋节

八月十五日"中秋节"，与春节、端午节并称为三大节日。

中国自古以来就有很多关于月亮的传说，其中最有名的当属"嫦娥奔月"。

很久很久以前，天上有十个月亮。农作物与花草树木，都被这太阳炽烈的光芒给烤焦了，人们没有可食之物，苦不堪言。这时，一个名叫羿的弓箭能手，不忍心看到人们这么痛苦，便向着太阳奋力射箭。一口气射落了九个太阳，剩下的最后一个太阳乖乖认罪，乞求原谅，并听从羿的命令，早上升起晚上沉落。

一天，羿出门狩猎去了，路上遇到一个道士。道士敬佩羿的神力与善良，便给了他一袋秘药。吃了这个药可以长生不老，飞上天宫。可是，羿不愿与相爱的妻子分离，

兔儿爷的路边摊（中野达摄）

不想独自升天，便将药交给妻子嫦娥保管。

当时，因为崇拜羿的威名，很多人都成了他的弟子，其中有一个名叫蓬蒙的坏蛋，他企图偷出羿的仙药。

这一年的八月十五日，羿带着弟子们出去打猎。蓬蒙中途悄悄返回，他潜入嫦娥的屋中，逼迫嫦娥交出仙药。眼看仙药要被抢走了，嫦娥无奈之下只能吞下仙药。突然，她的身体变得十分轻盈，飞出了窗户，飞上了天空。嫦娥留恋深爱的丈夫，停在了距离地球最近的月亮上。

羿回到家，女仆告诉他嫦娥飞到了月亮上，羿慌忙跑到院子里，抬头一看，只见今天的月亮比平日更亮更圆，就好像亲爱的妻子在看着他一样。羿朝着月亮奔跑，拼命地追赶月亮。可是，他追上三步，月亮就退后三步；他退后三步，月亮又上前三步，怎么也追不上。羿一想到妻子，胸中就如撕心裂肺一般痛苦。

无可奈何的他，只能在院子里摆上桌子，流着泪给嫦娥供上爱吃的水果，祭拜遥远的妻子。乡里的百姓听说后，都像他一样在院子里摆上供品，祭拜嫦娥。

第二年的八月十五日，羿依旧在院子里，在月光下供着水果，思念着嫦娥。

从那以后,这个风俗便一年一年,一代一代流传了下来。八月十五日恰巧是中秋①,所以人们将这一天定为中秋节。

还有一种传说。

有一个名叫吴刚的人,善仙术。但是因为犯了过错而受罚,被流放到月亮上,奉命砍伐桂树。可是,无论怎么砍,这棵桂树都原封不动,不见切口。因此,吴刚只能在月亮上永远不停地挥着斧头。

在日本的传说中,兔子在月亮上捣年糕,中国则是兔子在石臼里捣长寿的仙药。唐代李白咏诗"白兔捣药成",宋代陆游有诗云"白兔捣霜供换骨"。

古时,中秋节有饮酒赏月、祭拜月亮的习俗。供上瓜果、月饼,用月光纸②进行装饰,点燃线香,献祭月亮。月光纸也叫"月光马儿",上部描绘了月亮,下部描绘了月

---

① 根据中国的历法,农历八月在秋季中间,为秋季的第二个月,称为"仲秋",而八月十五又在"仲秋"之中,所以称"中秋"。

② 在明代,北京人八月十五日祭月的方式是在市场上买一种特制的"月光纸",上面绘有月光菩萨像,月光菩萨端坐在莲花座上,旁边有玉兔持杵在臼中捣药。这种月光菩萨像小的三寸,大的一丈多长,画像金碧辉煌,非常精致。当时,家家设月光菩萨神位,供圆形的果、饼与西瓜,西瓜要切成莲花状。晚上,在月出之方,向月供祭、叩拜,叩拜之后,将月光纸焚化,一家人共享撤下来的供品。www.360doc.com/content/11/1121/09/7569544_166112871.shtml

宫、捣仙药的兔子与砍桂树的吴刚。民间的艺人将兔子拟人化，制作兔头人身、身穿铠甲、骑着狮子老虎等猛兽的泥人，称其为"兔儿爷"，并予以供奉。等到中秋节过后，这些供品就成了孩子们的玩具。

按照阴阳五行的说法，日为太阳，月为太阴。男属阳，女属阴。因此，习俗规定，男子不得参与祭拜月亮的仪式。

拜月，赏月，饮"团圆酒"，品"团圆月饼"。在月饼中还有一个特别大的月饼，由全家人一同切开、共同品尝。中秋节是一家团圆的节日，身在外地的人都会返回故乡。

今天，虽然很少人会祭拜月神，但是很多人为了品味氛围而举行仪式。一边赏月一边吃月饼的习惯，至今也没有改变。进入八月后，点心店都会销售月饼。一般有京式、苏式、广式三种。京式多甜味，苏式多甜辣，广式甜咸各半。

中秋节的时候，亲戚朋友之间赠送月饼（每盒4个约1斤，一般赠送两盒计8个）与水果。礼尚往来，祝福中秋节的团圆。

月饼的故事

中秋节吃月饼，自古以来就是家庭团圆的象征。

传说，李渊建立了唐王朝之后，北方的突厥接连不断地侵犯边境，百姓生活颠沛流离。于是，皇帝命大将李靖前去讨伐。李靖连战连胜，不久就平定了边境一带，八月十五日凯旋回长安。为了庆祝这一重大胜利，京城欢歌笑语，彻夜欢庆。正巧这个时候，一个吐蕃商人为皇帝敬献圆饼，祝贺胜利。李渊大喜，一手拿着圆饼，一手指着明亮的月亮对群臣说："这个圆饼应该献给月神。"将圆饼切开，分享给群臣。

后来，每年到了八月十五日就会吃圆饼，用以纪念这场胜利。

还有一个传说。

元末，蒙古族统治者为了加强中央集权，使出了各种手段镇压百姓。为了从蒙古人手中夺回天下，汉民族四处起兵。后来推翻元朝，成为明朝皇帝的朱元璋，就决定在八月十五满月之日拥兵起义，一举消灭元朝。军师刘伯温是一个点心店老板，下令制作月亮形状的圆形点心，取名月饼。这月饼里面没有馅儿，而是包进了一张字条传令下去："中秋之日，月饼切开之时便是汉民族一同崛起，杀死'鞑子'之日！"于是，以祭月的名义，将月饼分给各家各

月光马儿①，中秋节祭月的供品（中野达摄）

---

① 明清时期月神形象发生了重要变化，由早期纯道教色彩的以嫦娥为主的月宫图景演变为佛道交融的月光菩萨与捣药玉兔并存的世俗形象。这个时期，人们供奉绘有月光菩萨的月光纸，也叫"月光马儿"。

户以及同志，进行秘密联络。

此外，还有一些地方流传着这样的传说。

七夕传说中的七仙女，在被带回天界之际为董永留下了一个儿子。有一年的八月十五日，儿子看到村里的孩子们在桂树下开心地玩耍，便央求带上自己一起玩。不料，孩子们竟然骂道："我们才不会跟你这个没有妈的孩子玩呢。滚开！"

儿子跑到村边的老槐树下，大声哭喊："妈妈，妈妈，你在哪里啊？我也要到妈妈那里去！"

天神吴刚听到了这孩子可怜的哭泣声，变换成一个农夫，前来安慰他。可是，孩子无论如何都想跟妈妈在一起，哭泣不止。

吴刚很心疼他，将这件事告诉了七仙女，同时悄悄地跟孩子说："你要是想见到妈妈，那就在满月的下面穿上这个。"递给他一双"登云鞋"。儿子听从农夫的嘱咐，在满月升起的夜里，穿上了"登云鞋"，飞上了天宫。

七仙女看到自己生下的孩子来到身边，悲喜交加。姐姐们也都聚集了过来，拿出水果与点心招待这个远方来的外甥。七仙女用嫦娥给她的桂花糖掺进花生、牛奶、栗子等配料，做成馅儿料包进圆月形状的甘甜的仙饼里，送给儿子吃。

玉帝得知此事后非常生气，他惩罚吴刚在月宫里砍伐桂树，永远不得离开。又命天兵脱下孩子的"登云鞋"，乘上麒麟，送回了人间。

儿子感慨着犹如梦境一般，只隐约记得一点天宫仙境的事情，但忘不了母亲制作的仙饼的味道。后来，他做了高官，让各州各县的百姓在八月十五日的夜里，模仿仙饼的样子制作圆饼，祭拜月亮，表达了对母亲的思念。因为这个饼的形状很像满月的月亮，所以人们就把它叫作月饼。

重阳节

九月九日是重阳节，也叫"重九""茱萸节"。古时，在这一天有辟邪延寿等风俗活动，比如爬山登高、将结了果子的茱萸枝[①]插戴在头上、饮菊花酒。

唐代诗人王维在长安游学的时候非常想念山东的四个

---

① 茱萸，又名"越椒""艾子"，是一种常绿带香的植物，具备杀虫消毒、逐寒祛风的功能。佩茱萸是中国岁时风俗之一。在九月九日重阳节时爬山登高，臂上佩带插着茱萸的布袋（古时称"茱萸囊"）。

弟弟,便在重阳节写了一首诗:

> 独在异乡作异客,
> 每逢佳节倍思亲。
> 遥知兄弟登高处,
> 遍插茱萸少一人。

关于重阳节登高的起源,有这么一个传说。

很久很久以前,汝南县①有一个名叫桓景的人,同父母、妻儿三代同堂生活。虽然只有一小块贫瘠的土地,但因为勤奋劳作,也衣食无忧。可是,意想不到的不幸发生了。汝河沿岸一带瘟疫流行,村中的人相继倒下,尸体堆满了整个原野,连下葬的人都没有。这一年,桓景的父母病故。

桓景年幼的时候听说过汝河里潜藏着一个瘟神,每年都会跑到人间散播瘟疫。桓景决心跟随仙人学习道法,为民除害。他听说东南面的山里有一个仙人费长房,便前往拜师。

---

① 汝南县,隶属于河南省驻马店市。

重阳节登高

桓景并不知道仙人住在哪里，他翻过了一座座山，越过了一条条河，不停地寻找着。忽然，前方出现了一只白鸽，对他上下点头示意。桓景虽然不明白它的意思，但还是对鸽子点了点头回复它。于是，鸽子飞了起来，停在数十米开外，又对他点头示意。每当桓景靠近时，鸽子就飞到远处。就这样，桓景跟随着鸽子翻山越岭，终于眼前出现了仙境一般的松林。松林深处有一座古庙，山门上写着"费长房仙居"。鸽子在寺院的上空盘旋了几圈后飞走了。桓景在紧闭的山门前跪下，两天两夜过去了，就这么跪着。到了第三天，山门突然打开了，一个雪白胡须的老人微笑地请他入内："你为民除害的心确实是真心，请进来吧。"收下他为弟子。

费长房传授桓景消灭恶魔的剑法，桓景每天从清晨到深夜都在刻苦训练。有一天，桓景正在练习剑术，费长房走了过来，对他说道："今年的九月九日，汝河的瘟神会再次现身。你赶紧回乡去消灭恶魔，助百姓一臂之力。你带上这包茱萸叶与一瓶菊花酒，记住叫乡亲们登上高处避难。"

桓景回到了家乡，把仙人的嘱咐告诉了大家。到了九月九日这天，他带着妻子与乡里百姓爬上附近的大山，让他们每个人都拿了一片茱萸叶用以除魔，每个人都喝一口菊花酒用以预防瘟疫。然后，他手持宝剑，一个人回到家中，坐在房间里等待着瘟神的到来。

不一会儿，汝河咆哮起来，传来一股妖气，瘟神从水底游了上来。瘟神在村里见不到一个人，便追到了山脚下。可是他一闻到酒的香气、茱萸的香味，便丧失了登山的勇气。无可奈何之下，瘟神又回到了村里，这时他看到屋里坐着一个人。瘟神暗喜，扑了过去。桓景持剑迎击，几个回合下来，瘟神知道自己打不过便想逃跑。桓景眼疾手快，将宝剑投掷出去。只见剑光一闪，瘟神被刺中了心脏，随着一声呻吟倒下了。

从那以后，汝河两岸的百姓再也不用担心受到瘟疫的折磨了。为了纪念桓景消灭瘟神的壮举，便形成了在九月九日登高的习俗。

今天，登高的仪式已不再举行，而是变成了去公园或者郊外野餐。

冬至吃饺子

正如立冬俗称"十月节"一般，真正的冬天来临了。

人们逐渐换上了冬装。古时，十月一日叫作"寒衣节"，怀念彼岸的先祖与亲人，为其送去寒衣（冬装）。用纸制作棉袄、夹衣、皮草等冬衣，装进纸制的包裹或者衣柜里，在封面上写上故人的姓名，然后在墓地焚烧；或者等到晚上祭奠结束后，在门口焚烧，抚慰祖先的魂灵。

今天，在土葬习俗依旧保留的农村偶尔还有这样的仪式，但是在火葬并将骨灰盒寄存于寺庙的城市里，基本上已经看不见了。

十一月也叫作"冬月"。在冬至的这一天，一般要吃"饺子"。不过饺子古称"馄饨"，所以后来也开始吃馄饨了。

关于冬至吃饺子的习惯，有这么一个传说。

从前，有一个名叫张仲景的名医，能治百病。人们都尊称其为医圣。

张仲景在长沙结束了官僚生涯后，告老还乡返回故里时正值冬季。他看到河岸上劳作的人们瘦骨嶙峋、衣衫褴褛，耳朵都冻烂了，心里非常难过。

回家后，每天前来看病的官吏、地主、有钱的商人络绎不绝。张仲景给他们治疗的时候，脑海中一直忘不掉深受冻伤之苦的贫穷的同乡百姓。他让弟子在村里的空地上支起医棚,架起了大锅。从冬至日起,为贫苦的百姓分送治疗冻伤的药"祛寒娇耳汤"(祛除寒气,保护耳朵的汤)。制作方法如下:用羊肉与辣椒,以及祛除寒气的药材一同煮水。当肉炖烂后就同药材一起取出,剁碎作为馅儿料;用小麦粉做成面皮,把馅儿料包进去,做成耳朵的形状,取名"娇耳";再放进汤中煮。娇耳煮熟后,用大碗盛一碗汤,放进两只娇耳,分给人们。人们吃了娇耳,喝了汤之后,身体一下子就暖和起来,两耳发热。一直到除夕,张仲景每天都将冻伤药分送众人,大家的耳朵都治好了。正旦,人们为庆祝新年便模仿了"娇耳"的形状制作新年的食物。称其为"饺耳""饺子",或者"扁食"。

张仲景去世的日子正值冬至,而且这一天也是他开始分发"娇耳汤"的日子,所以每年一到冬至,人们就会吃饺子或馄饨。都说冬至日吃饺子,耳朵就不会冻伤了。

腊八粥

十二月,终于来到了一年中的最后一个月,这个月也叫作"腊月"。

八日俗称"腊八",要吃"腊八粥"。在前一天七日的晚上，准备好各种各样的谷物（大米、糯米、小米、糯小米）与红枣、栗子、菱角、花生、杏仁、松子、葡萄干、砂糖等八样东西。据说在天亮前生火、熬煮，到了早上吃粥就不会生病。这原本是纪念释迦牟尼得道成佛而在佛前供奉的食物，后来演变成为民间的风俗，佛门弟子以外的人也能够食用。甚至，民间还流传着一个与佛教无关的有趣的腊八粥故事。

在遥远的北宋时代，有一个叫作伏牛山的地方，生活着一对老夫妇跟一个儿子。爷爷非常勤劳，他田里的庄稼与树上的果实总是比别人多。自家吃不完，还有多余的卖给别人。乡亲们问老人："你家里的树难道是金子做的吗？"

老人微笑着答道："摇钱树，人人有，就是自己两只手。"

奶奶也是个勤快人，勤俭持家。邻居都问她："奶奶家里的粮食多得都能卖了，为什么还这么节约呢？"

奶奶解释道："一顿省一把，十年买匹马，饱时想饿时，丰时想歉季。"

一家三口生活富足，常常把多余的粮食和钱分给邻居。人们又问道："你家里为什么这么富裕啊？是不是有什么聚财的聚宝盆?"

奶奶告诉他:"聚宝盆不算好,勤俭才是无价宝。"

老人十八岁的儿子,身强力壮,但因为从小就深受宠溺,变成了一个无所事事的懒汉。老夫妇常常告诫儿子:"父母把你养育长大,可现在我们老了,养不动了。你要想生存,就必须付出辛劳的努力。靠天靠地靠父母,都不如靠自己来得最牢靠。"但是儿子根本听不进去。

后来,老夫妇心想,等到儿子结了婚有了家庭,也许会有所转变。可是,事与愿违,儿子非但没有改变,娶来的妻子也好吃懒做。几年过去了,老夫妇同时病倒在床上,叮嘱了儿子儿媳几句话便去世了。

"要想日子过得富,鸡叫三遍离床铺。俭是聚宝盆,勤是摇钱树。男当勤耕耘,女应多织布……"

年轻的夫妇二人,一个看着满满的粮仓说:"吃不愁,喝不愁,何必种地晒日头。"一个看着堆成山的被子与一柜子的衣服说:"冬有棉,夏有单,何必纺织月西偏。"一拍即合,将父母留下的箴言抛之脑后。

过了一年,又过了一年,田地慢慢荒芜了,粮仓里的粮食日渐减少;衣服渐渐破了,到了冬天的时候,吃的穿的都没有了。天气越来越冷，二人躲进了粮仓避寒。腊月八日，北风呼啸，大雪纷飞，天气愈发寒冷。两个年轻人没有饭吃，身上没有御寒的衣服。眼看着只能等死了。二人仔仔细细地盯着地面，发现了掉在砖缝里的大米、麦子，还有各种杂粮颗粒。感激涕零！现在一粒米都是宝贝啊，二人赶紧放进锅里，煮了一锅杂粮粥。这时候他们想起了父母的教诲，可惜已经太迟了。两个人用碗盛上杂粮粥正准备吃，忽然一阵大风刮来，破旧的粮仓倒塌了。邻居们赶紧跑了过来，扒开仓库一看，两个年轻人已经死了，旁边还放着半碗杂粮粥。

后来，每年腊月八日，人们都会煮这样的杂粮粥给孩子们吃，告诉他们年轻夫妇饿死的故事。就这样一传十，十传百，从父辈到孩子，再从孩子到孙子，世代流传；由宋至元、明、清，一直流传到现在。

因为是在腊月八日吃的粥，所以称为"腊八粥"。

祭灶神

腊八节结束后，就进入真正的十二月了。学校放寒假，在城市里读书的学生要回到家乡；远离家乡的上班人，赶紧将工作收尾，为回故乡团圆、迎接新年做准备。妈妈们忙着迎新准备，给孩子们做新衣服。整个城市都充满了忙碌的"过年"的味道。

腊月二十三日，为了向玉帝汇报一家的善恶，要举行送"灶王爷"（灶神）升天的仪式，这叫作"祭灶"或者"过小年"（小正月）。灶神，是掌握一家祸福的神仙，自古以来就被视为"一家之主"，在厨房里贴上画像。画像两侧的对联上写道：

　　上天言好事，回宫降吉祥。

这天晚上，在灶神的画像前摆上供品，点上线香，家中所有的男性都要祭拜灶神。然后，将画像撕下来点燃，就好似飞上天宫一般。供品与平常有所不同，有灶神的马儿喝的水，马儿吃的草，还有杂粮面条和"糖瓜"（用麦芽糖与大米做成的瓜形糖果）。

供奉"糖瓜"并不是因为灶神喜欢吃甜食，其实是用糖黏住神仙的嘴巴，祈求不要说坏话的意思。有的人家会特意用灶火融化"糖瓜"，趁着柔软的时候涂在灶神画像的

年中行事 115

灶神（灶王爷）的神像

口上，然后再点燃焚烧。关于杂粮面条的传说，后文将另作介绍。

一般，家庭祭拜的灶神全年都是夫妻神，不过在一些只有男性的店铺或工厂祭拜的灶神，并不是夫妇二神，而只有男神，即所谓"灶王爷"单身赴任。俗语有言"男不拜月，女不祭灶"，与男性不能祭拜月神一样，灶神有妻子，所以女性也不能祭拜灶神。

灶神为了前往天庭向玉帝做一年一度的汇报，将离开人间七天。因此，人们在除夕贴上新的灶神画像，两侧贴上对联，等到除夕夜的爆竹声起，不仅迎接福神，还迎接灶神的归来。

等到这一祭拜仪式结束才进入忙碌的岁尾，开始准备过新年。大街上年货市场热闹无比，一切准备就绪。在异乡工作的人们都回到了家，合家团圆，吃着过年的饺子，迎接新年。

灶神与杂粮面

给灶神供奉杂粮乌冬面，源自民间传说："灶王爷，本姓张，一年一碗杂面汤。"

很久很久以前，某地有一对张姓老夫妇与儿子儿媳四人一同生活着。儿子名叫张郎，媳妇名叫丁香。一家人生活富裕又和睦。

忽然有一天，张郎不知为什么扔下田里的农活，说想去外地做生意。老夫妇与丁香都很反对，但张郎不听，终于离开了家，踏上了旅程。

张郎离开后，夫妇俩年迈体衰，家里的劳作都交给了丁香。丁香很勤劳，努力守护着一家三口的生活。

五年过去了，张郎音信全无，老夫妇思念成疾，病倒了，又相继去世。

又过了十年，张郎还是没有回来。那段时间，因为连年干旱，丁香的生活越来越困苦，她日日夜夜都在思念着张郎。

一天，丁香干完了活，疲惫地躺下睡觉。突然屋子里进来一个衣衫褴褛、蓬头垢面的男子。丁香吃了一惊。仔细地辨认后，这不是张郎嘛！张郎！丁香猛地扑进了张郎的怀里，放声痛哭。张郎也流着眼泪，为委屈了妻子而道歉，讲述了自己不幸的遭遇。丁香流着泪安慰他："张郎！过去的事就让它过去吧，什么也别说了……你能够健康地归来比什么都重要。"

正在这时,突然一声鸡叫惊醒了丁香。丁香起身一看,空荡荡的房间里只有她一人,哪里有张郎的身影。丁香叹了口气:"唉,原来是梦啊。"

几个月后的一天,张郎真的回来了。张郎不再是从前的张郎,而成了一个大富翁。十年如一日等待的亲爱的丈夫终于回来了,丁香喜极而泣。可是,张郎进屋后,正眼都不瞧一下丁香,只环视了一圈屋子与院子便对她说:"家里那头老牛跟破牛车归你了,我们离婚吧。"扔了一张休书过来。丁香做梦也没有想到,自己等了十年的丈夫竟然如此冷酷无情。过了好一会儿,她好不容易缓过神来,颤抖着问他:"张郎,你说的是真的吗?"

"你以为我在开玩笑?"张郎粗鲁地回答她。

"我究竟做错什么了?我有什么对不起你的?你为什么要赶我走?"

张郎原本理亏,面对丁香的责问,他无法回答。

"我想赶就赶,你有什么怨言!别说废话,赶紧给我出去!"撂下了狠话。丁香无奈,只能牵上老牛与破牛车,离开了家。无依无靠的一个女人,能够去哪里啊,丁香走

投无路。她坐在牛车上,对老牛说:

"随便你拉我去哪儿吧。不过,要是去有钱人的家里,我就用刀杀了你;要是去穷人的家里,我就割草喂你吃。"

老牛拉着车进了大山,走着走着,天色渐晚,终于在村边的一户人家前面停了下来。老牛昂起头,哞哞地叫唤。家门开了,从里面走出来一个慈祥的老奶奶问道:

"你是谁?从哪里来?"

"我迷路了。"丁香答道。

于是,老奶奶温柔地对她说:"你怎么一个人这么晚还出来呢?快点进屋休息吧。明天早上我叫儿子送你回去,一个女人太危险了。"

夜里,老奶奶的儿子回来了。丁香见他诚实善良,便将自己的遭遇和盘托出。母子俩都很同情丁香,老奶奶更是中意丁香的心地与人品,便让儿子娶了她。

另一方面,张郎把丁香赶走的第二天,就与带回来的一个名叫海棠的女子结婚了。人们对张郎的行为都很不齿,不知不觉间,传唱起这首歌来:

"张郎,张郎,心地不良。前门休了丁香,后门娶进海棠。无义之人,好景难常。"

没过多久，果然就像人们唱的那样，张郎娶了海棠未及一年，家中遭遇大火，财产尽失。海棠被烧死了，只有张郎逃出了火海，但是双眼几近失明，不能工作，沦为了乞丐。

一天，丁香在院子里喂牛吃草，门前来了一个乞丐。她从厨房端来一碗吃剩下的面条，乞丐狼吞虎咽地吃光了，他又向丁香请求道："夫人，请再给我一碗吧。"

丁香从乞丐的手里接过碗，听这声音似曾相识，她仔细地辨认了一下，原来竟是没良心的张郎！恨也罢怒也罢，丁香很想大骂他一顿，可是看着张郎饥寒交迫的可怜相什么也没说。丁香默默地走进屋子，又盛了一碗面，暗自心想："张郎，张郎，你也有今天啊！但我不会像你一样歹毒无情。"

丁香甚至觉得"要帮就帮到底，毕竟也是夫妻一场"，她将头上插的簪子和树叶形状的胸针放进了碗中。等到张郎吃面的时候看到这个，就可以拿去换钱了。

张郎接过了面条，大口吃了起来。第三口吃出了胸针，可是因为他的眼睛在大火中几乎失明，把胸针看成了"豆叶"，他把胸针从碗里挑了出来，扔到地上。吃到最后，簪子也出来了,他依旧以为是"豆枝",也扔掉了。丁香在一旁看得清楚,是又好气又好笑。而后,张郎又请求道:"夫人,活菩萨,请再给我一碗吧。"

丁香不由得脱口而出:"啊啊,张郎啊!你居然把抛弃的妻子叫作活菩萨……"

张郎怎么也想不到,眼前给自己面条吃的大善人竟然是他赶走的前妻。突如其来的意外令他吃惊得半天说不出话来。

"你,你是丁香?"

"是啊,一点没错,我就是被你抛弃的丁香。"

张郎听了这话,羞愧难当,一头钻进了灶台,怎么也不肯出来。于是就这样闷死在灶台里。

在一些传说中,玉帝因为死去的张郎与自己同姓(传说玉帝也姓张,人称"张玉帝"),所以封其为灶神,并且将张郎死去的十二月二十三日定为"灶王节"。

虽然张郎是玉帝亲自封的灶神,但是人们都很鄙弃他。可是人们又害怕他去玉帝面前告状,没办法只能给他上供。

后来,有人提议:"张郎是吃了丁香的杂粮面条才死的,那么就在这天给他供奉一碗杂粮面吧。"大家都同意了这个主意。

从那以后,给灶神的供品就不再多种多样,只在十二月二十三日的晚上供上一碗杂粮面即可。

出嫁的仪仗队
(1920年左右的北京)

婚礼与葬礼

婴儿诞生

对于人生的幸福，自古以来人们总是祈求福禄寿，指的正是多子多孙、大富大贵、健康长寿三件事。

在古代高死亡率的时代，孩子对于人们而言，自然是至高的幸福。

所以在中国,与子孙昌盛有关的神仙特别多。

王母娘娘,尊号瑶池金母。女神中的栋梁之神。掌管孩子出生及子女养育。

子孙娘娘,赐予传宗接代的男孩的女神。没有孩子的人们,会前往祭祀子孙娘娘的娘娘庙里举行绑娃娃的风俗活动①。

送子娘娘,也叫送生娘娘,赐予孩子的女神。人们相信,求子的人去送子娘娘庙里求取泥娃娃(出钱购买),抱回家后就会有好运。新年贴的年画中有"麒麟送子"图,童子骑在麒麟背上姗姗而来,所以送子娘娘也被视为护送婴儿(未来优秀的栋梁之材)的女神。

催生娘娘,掌管安产的女神。孕妇临盆之际,将娘家送来的肉、水果、鸡蛋等供奉于神灵,祈求安产。

在生产的前一个月,为祝贺和督促生产,男方会赠送

---

① 在民间绑娃娃,又称"拴娃娃""拴喜""拴孩""叩儿""抱孩子",是中国民间,尤其是北方地区最普遍的祈子形式之一。

育儿用品等物品,这叫作"催生"。现在基本上都是在医院里生产的,从前大多由产婆或者年纪大的经验丰富者接生。

在婴儿出生的第三天,有给婴儿洗澡的"洗三"① 习俗。为表示庆祝,将染了红色颜料的鸡蛋分送给产婆、亲戚、朋友等人,这也是一种生子通知。于是,亲戚与朋友们就会前来看望。这时候,一般会赠送鸡蛋、鱼、肉等食物,以助母亲恢复体力。习惯上,产妇一般不吃大米,而是食用能够温暖身体的小米粥。

出生后一个月,举行"满月"的庆祝仪式。设置宴席,款待前来祝贺的亲戚朋友,品尝寓意吉祥的"长命百岁"的面条。等到三个月后,婴儿长得胖乎乎、笑容可掬的时候,母亲的身体也恢复如初。于是,在婴儿诞生后的"第一百天"举办最重要的"百岁"仪式。亲朋好友汇聚一堂,赠送礼物或金钱。礼物有单独赠送的,也有因为金额昂贵,几个人一同购买的。赠送的礼金则用红纸包好。赠送的礼物有各种各样的婴儿用品,比较有特色的是手镯、脚镯、长命锁。这些都是纯金或纯银制品,手镯脚镯也有各种各

---

① 洗三主要是为了带走污垢(血液、羊水、黏液等),洗净婴儿的身体。

年画:送子娘娘(左侧)
("连生贵子",即连续生子的意思。手持的"莲"表示"连","笙"表示"生"。)

样的形状,不过都是成双成对的。给孩子辟邪的长命锁,是一种挂在脖子上的锁头形状的坠饰,上面刻有"福寿绵长""长命富贵""长命百岁"等字样。之所以做成锁的形状,寓意着上了锁恶魔就不能夺走孩子性命的意思。手镯、脚镯、长命锁,在孩子死亡率很高的古代具有象征意义。在今天,成为一种代表吉祥的装饰品。

婴儿满一岁的时候,同"百岁"一样要举办"周岁"庆祝。等到这个活动结束,婴儿的相关仪式才告一段落。

另外,当婴儿蹒跚学步时,父母的姐妹有赠送孩子虎头形状的"虎头斗篷""虎头帽""虎头鞋"的习俗。今天,在城市里,或许是因为亲戚们分散于各地,或许是出于工作的原因,几乎没有人再相互赠送了。而且,就算是赠送,也都是购买现成的商品。只有在一些乡村现今还保留了这个赠送的习俗,并且是自己亲手制作。

虎头帽

虎头鞋的传说

给孩子穿虎头鞋（鞋头呈虎头模样）的习惯，据说来自这样一个传说。

很久很久以前，楚州的金河岸边住着一个杨姓青年，他靠着一条破船摆渡为生。三十多岁了还没有娶妻，人们都叫他杨大。

杨大虽然载人过河，却并不强要船费。人家给他就收下，没有钱就不要，是一个心地善良的人。

一个狂风暴雨的日子，杨大在渡口的小屋里搓绳，听到外面有人喊要过河。他出来一看，河对岸站着一个浑身湿透的要饭婆婆。杨大马上摇着船，顶着大雨，划到了对岸，接婆婆上船。可是，当船快到达岸边时，婆婆急得要哭出来了："大哥，不得了了。我刚才慌慌张张地坐船，把我的破被子忘在对岸了。"

"不妨事不妨事。婆婆您先上岸，到我的小屋里躲雨。我去把被子给取回来。"杨大安慰她。雨下得更大了，杨大的衣服全都湿透了。尽管如此，他还是扶着婆婆上了岸，又划船返回，从对岸取了破被子回来。

要饭婆婆对杨大说道："大哥，你帮我把破被子取回来了,可是我一个要饭的老太婆没有钱付给你。这里有一张画,我拿着也没用,就送给你吧。"她递给杨大一张画。画已经淋湿了,上面画着一个姑娘正弯着腰给孩子绣虎头鞋。杨大向婆婆道谢,将画放在胸前烘干了,贴在船上的小舱内。

虎头鞋

晚上,杨大吃了晚饭正准备睡觉,不曾料想,画上的姑娘从船上跑上岸来。人生虽已过半,但是贫穷的杨大娶不上老婆。他眼睁睁地看见画上的姑娘变成了活生生的人,出现在自己的眼前,为这个美丽的姑娘惊喜万分。于是,二人结为夫妇。那之后,每到夜里姑娘便会从画上走下来,等到天亮的时候再回到画上去。

一年过去了,画上的姑娘生了一个男孩,孩子小名叫作"小宝"。转眼之间,又过了七年,这件事传到了坏地主的耳中。地主听说杨大娶了画中的美人,便起了歹意,想要霸占杨大的画。

一天,地主乘着轿子来到了金河的渡口。他刚一从轿子上下来便发问了:"杨大,听说你有一幅神奇的画,是真的吗?"

老实的杨大不会说谎,答道:"是的。"

"现在放在哪儿了?让我看一看。"

"在船上呢,我去取来。"

杨大从小船上取来画给地主看,地主一见就催他:"你快叫画上的美人下来,给我看看。"

"那可做不到,她只有晚上才能下来。"

"那样的话,就让我带回家,等晚上看吧。"

地主不由分说地把画装进了衣袖里。杨大慌忙请求道:"老爷,这幅画是一个老婆婆作为船费送给我的。画上的姑娘与我已经成亲七年了。求求您把画还给我吧!"

地主一脸鄙弃,"像你这样的穷人怎么配拥有此等美人!"立马钻进了轿子。杨大拽住了地主,央求还给他画,却反而被家丁狠狠打了一顿。杨大与儿子小宝抱头痛哭,别无他法。

地主抢了画回去,到了晚上将画贴在了屋子的墙上。

画中的姑娘眨了眨眼睛,仔细一看,她正流着泪,可是她并没有走下来。每晚只重复着这些动作,把地主给气坏了,想撕了画又觉得可惜,只能生闷气。

几天过去了,小宝哭着要找妈妈。杨大安慰他:"乖,不哭。你妈妈被地主抢走了,藏在了屋子里面。我先前去寻找时,被他们毒打了一顿。你这么个小孩去了有啥用啊?"

可是小宝不听劝,哭个不停。杨大告诉他:"你妈妈是一个渡河的老婆婆带来的,我们只能等她来解救。"

听了爸爸的话,小宝又哭着央求寻找老婆婆。

"小宝,婆婆往南面去了。你乖一点耐心等待,她一定会来的。"杨大安慰小宝后便出去摆渡了。

没想到,趁着这个间隙,小宝穿上了妈妈制作的"虎头鞋",一个人朝着南面跑去。等到杨大回来的时候,小宝已无影无踪。

饿了就吃山里的野果与野菜,渴了就喝河里的水,小宝一路向南。到了第七七四十九天,他在茂密的深山老林里迷路了。筋疲力尽的小宝坐在大松树的底下休息,这时候他听到后面有流水声。回头一看,原来是一个小湖,飘来阵阵花香。他仔细一看，是七个仙女洗完澡正准备上岸。小宝眼尖，看到最后一个仙女正是自己的妈妈。他飞奔而去，一把抱住了妈妈大哭。妈妈抱着小宝，吃惊地问道："你怎么跑到这里来了？"

妈妈告诉小宝："当地主抢走那幅画的时候，妈妈已经离开了人间。要想带妈妈回去，小宝就要回家跟地主决一胜负。"仙女将小宝的虎头鞋在湖水里洗干净。小宝看到其他六个仙女都走了，死死拽住妈妈："妈妈回家吧，爸爸在等着呢。"

这时，突然一片云雾遮住了小宝的眼睛，只听见嗖的一声，当他再次睁开眼时，云雾已散，妈妈已不见踪影，唯独小宝一人站在了渡口的小屋前。小宝把自己遇到妈妈的经过原原本本地告诉了爸爸，杨大这才同意让他去找地主。

小宝来到了地主家门前，他哭着央求说要见地主，可是谁也不理他。最后有一个年老的家丁看着小宝很可怜，就给他通报了一下。

地主听说有个小孩要见他，先是把家丁大骂了一通。仔细询问后得知原来是画中美人的儿子，对了！就利用这个小孩骗美人从画中走出来。地主想到这个坏主意,便答应与小宝见面。地主把小宝带进了里屋,小宝一看见墙上贴着的妈妈的画,便跑上去拉住妈妈的手。不可思议的是,美人从画中走了下来,牵着小宝的手一同走出屋子。地主如恶狼一般向美人扑了过去,说时迟那时快,小宝虎头鞋上的老虎现身了,一下子咬住了地主,叼着他跑进了深山。

小宝带着妈妈回到了金河渡口的小屋,从此以后,一家三口快乐地生活在一起。

现在,人们祈求孩子平安无灾,给孩子穿上象征吉利的虎头鞋的习俗,就是从这里流传下来的。

三媒六证 [①]

俗话说得好,"男大当娶,女大当嫁",无论东方还是西方,都是共通的语言。世上年轻的男女到了适当的年龄,便开始经历恋爱、提亲、新娘学习 [②]、相亲等结婚的阶段。结婚是人生最重要的盛典,仪式与规矩自然也很烦琐。

[①] 三媒六证,泛指旧时婚姻中的介绍人。三媒六证,言婚约之郑重。出自元代武汉臣《生金阁》。

[②] 为结婚后做准备的烧饭、洗衣、打扫卫生等家务技能。

中国的结婚形式可以分为三个阶段。在古代还没有照片的时候，也没有相亲，完全依赖于红娘介绍双方的情况，也就是媒人全包的形式。后来演变为相亲的模式，但是中心人物依旧是媒人。不过，今天已经是自由恋爱的时代，媒人只不过是婚礼名义上的存在。虽然是名义上的存在却不会完全消失，这是因为其承担了一定的功能。自古以来，严格按照程序执行的正式结婚被称为"三媒六证"。关于其来历，民间有着这样的传说。

从前，有三个善良的鞋匠。不管谁遇到了困难，三人总是齐心协力帮助别人。

一天，三人在街上看到有户人家大门上挂着一块木牌，上面写着："有志不在年高，无志空长百岁。"最年长的鞋匠说："这家一定有非凡的才子。"

年龄排第二的鞋匠说："虽然是粗陋的草房，但真是'人穷志不穷'。"

接着第三个鞋匠提议："我们进去看一下吧。如果真的有才，我们就与他结拜为兄弟。"

三人进去一看，这个贫穷的家中住着一个美男子。名叫新郎，十八九岁的样子。他将三人请进屋，端出茶郑重招待。

三人打算试一下新郎的才学。

新郎很谦虚:"我本无知晚辈,请手下留情。"

三人说:"我们互相提一个请求,完成者为胜。"

新郎听了笑着说:"君子有礼,客人先请。"

于是,老大说:"请做一个像太阳一般大的馒头。"

接着老二说:"请装一缸大海一般多的油。"

最后老三说:"请织一匹路一般长的布。"

三人一一提出了要求,新郎问道:"需要什么时候用呢?"

三人说:"这些东西可不是轻易能够完成的,没法立等可取,我们明天来拿吧。"

第二天,三人来到小屋。只见新郎神情自若,大家都觉得不可思议。老大上来发问了:"年轻人,像太阳一般大的馒头你做好了吗?"

新郎说:"我准备了很多面粉。请你快点将太阳摘下来,让我量量尺寸好做馒头。"

老大听了这话,很是为难,便含混地说:"我以后再拿来,你暂时不用做了。"

老二来问了:"年轻人,大海一般多的油缸装好了吗?"

新郎答道:"油已经准备好了。可是海水的量究竟有多少斤请你称给我,我就按照这个标准给装进去。"

老二听了这话,也很为难,他怎么可能用秤称海水呢。无可奈何只能退下。"我没有那个闲工夫,你想装多少就装多少吧。"

最后,老三来问了:"年轻人,你织好像道路一样长的布了吗?"

新郎答道:"我已经织好了。请你先量一下路有多长,我再按照这个尺寸量一下布。"

三人被新郎反手将了一军,哑口无言。

本想难住新郎,不料竟被新郎问倒了。

这回轮到新郎提出请求了。新郎对三人说:"我想要'六证'。请三位哥哥帮我找来吧。"

三人根本不知道"六证"为何物,一点主意也没有,但也只能先找找看。他们跑遍了大街小巷,打听了很多家店都一无所获。三人不由得着急起来,老大叹了口气:"这个'六证'到底是什么呀,我从来没见过也没听说过。"

老三说:"别急,俗话说得好,'深山老林出凤凰'。我们先进大山找一下。"

三人翻过了几重山越过了几条河,终于来到一片鲜花盛开的溪谷。在小河的岸边,有一个年约十七八岁的美丽的姑娘正在洗衣服。

三人看到姑娘,立马叫住了她:"姑娘,你叫什么名字?"

"我叫新娘。"

姑娘笑嘻嘻地问道:"客人有何贵干?"

三人说:"我们正在找'六证'。如果你有这个东西,请转让给我们。不管多少钱,我们都买。"

新娘一听他们要买"六证",呵呵呵地笑了。

"既然你们这么大老远地跑来,我就卖给你们吧。"

三人一听,大喜过望,跟着去了新娘的家。

新娘从屋里拿出了一个斗、一把剪刀、一把尺子、一面镜子、一个算盘、一杆秤。三人一看,慌忙跟她说:"你搞错了,我们要的是'六证'。"

"这正是六证。要称粮食,斗为证;要裁衣服,剪刀为证;要量布料尺寸,尺子为证;要看容颜,镜子为证;要称物品,秤为证;要算账簿,算盘为证。"

三人听了这个解释,这才恍然大悟。付了钱,急忙把六样东西拿去新郎家。

新郎看到"六证",知道这世上还有比自己更聪明的人。当听说是新娘教给他们六证时,新郎非常钦慕新娘的才学,希望三人给他做媒。

三人都是好心人,于是又一次翻山越岭,到新娘家里传达了新郎的愿望。

新娘很是欣喜,而且她也想试试新郎的才学,便送了一首歌给新郎,希望他能够在三天里建造一个结实的房子。

> 不用门来不用窗,
> 无柱无瓦又无梁。
> 上上下下不沾木,
> 天生地长石头墙。

三人把歌唱给了新郎听,很担心他不能解答出这个难题,劝他放弃算了。

没想到新郎说:"谢谢三位费心了!请迎接新娘,我请您三位媒人吃喜酒。"

新郎进山去了。他砍倒荆棘,割下野草,终于发现一个合适的山洞。

新娘认可了新郎的才学，二人结为了夫妇，过起了幸福生活。因此，至今新婚夫妇的房间都叫作"洞房"，新婚的男子叫新郎，女子叫新娘。另外，效仿三个鞋匠，媒人需要有一个男方代表，一个女方代表，还有一个给双方牵线搭桥的中间人，这被称为三媒。举行婚礼的时候，在桌子上摆好斗、尺子、剪刀、镜子、算盘、秤六样物品，这被称为"六证"。以上就是今日"三媒六证"习俗的由来。

传统婚礼

提亲，在古时并不强调本人的意愿，而更看重家庭门楣与八字是否合适，即便是相亲，也只不过是看一下容貌而已。提亲，首先要用干支的计算方法，写下家世合适的男女的出生年月日时（例如，甲子［年］、丙寅［月］、丁丑［日］、癸卯［时］生辰八字）；将这张纸送给占卜运势的占卜师，请其测算结婚的适配性，这叫作"批八字"，如果双方的八字合适，那么才开始真正的提亲。通过三个媒人（男方代表、女方代表、中间人），商量订亲等事宜。

等到订亲（订婚）事宜谈妥，就挑选日子，交换聘礼。然后，向亲戚朋友发送订婚请柬，这叫作"丁媒柬"。订婚当日，由媒人介绍两位新人的情况，之后举行宴会。在进入宴会之前，新郎要向女方的客人、新娘要向男方的客人分别问候致谢，有敬烟点火的习惯。当然，不论是否吸烟，这只是个仪式，所以一般都会请新娘点上火。在公众场所禁烟的现在，也许会觉得这是个奇怪的风俗，但在从前却是很时髦的规矩。

订婚结束后要决定婚礼的日子，自然是挑选良辰吉日。等到日期定好，双方终于开始做婚礼的准备。男方要准备装修新婚夫妇的洞房（房子）；安排婚礼场所、宴会场所；留出一个席位给能干的会社交的朋友，拜托其在婚礼上帮忙，例如处理总务、仪式程序、会场布置、伴郎伴娘、会场的接待、登记等事务。女方则需要订购嫁妆、服装、棉被等用品，安排送递人员等等，总之就是忙得不可开交。

在婚礼的前几天，要将嫁妆送到新郎家中。虽然嫁妆视家庭的经济情况决定，不过父母都希望尽量给女儿多带一点过去，真是天下父母心。餐桌、茶桌、椅子、柜子、梳妆台、衣箱等，在柜子与箱子里装满了衣服与亲朋好友赠送的礼品，这称作"添箱"，上面扣着黄铜锁。

到了婚礼的前一日，被称为"送亲太太"（婚礼上作为新娘的服侍人）的新娘的两位阿姨前往新郎家中，整理新婚的婚床，这叫作"安床"。

另外，有些地方会在这一天举办"上阁"（与亲人告别）的仪式。新娘一边哭，一边对父母朗读离别歌谣。这正如今天的日本婚礼上新娘对父母祝福的感恩话语一般，被称为"哭嫁"或"开叹情"。

婚礼的前一天，新郎家要将面朝大街的大门装饰为绢花拱门，门的两侧贴上红纸"喜联"，写上结婚的祝福。在新娘的家中也要贴上喜联。到了婚礼当日，大门旁边支起帐篷，乐队（以唢呐为主的民乐）在此进行演奏。一些有钱的人家，提前一天便开始演奏。

当天早上，新娘家举行"上头"仪式。将垂下的头发在脑后头颈之上，盘成圆盘形状的已婚妇人的发型，等待着迎亲的花轿。新郎则身穿正装，在祭拜过祖先之后前往迎接新娘。

迎接新娘的花轿

迎接新娘的队伍有两个领队人，一左一右，手持大红色的毛毡布用以铺道。在路途中，如果遇到不吉利的葬礼、殡仪馆，或者经过墓地，这时候就用红毛毡盖住遮蔽，让队伍通过。队伍依序如下：首先是敲铜锣的两人，其次是举着"迎亲"二字的一对大灯笼，而后撑着一对大伞、一对扇形遮阳、八面龙凤刺绣旗帜，再后面跟着唢呐、笙、打击乐器等六七人组成的乐队，接着是新郎乘坐的花轿。花轿一圈是绣着金龙的红缎子，轿顶四周垂挂着黄色的穗子，装饰得非常华丽。有八人抬轿子的，也有四人轿子。

轿中落座的新郎，身穿正装，戴着红绶带，胸前别着绢布大红花。为了让新郎的容貌显露出来，花轿的入口处只有下半部分挂上了幕帘。接在新郎花轿后面的是绣着凤凰的新娘花轿，轿顶装饰了一羽展翅金凤凰。因为空轿迎接新娘被视为不吉利，所以常常由一个十岁左右的男孩乘坐前往。幕帘也只垂挂下半部分。花轿的后面是"娶亲太太"（服侍新郎的阿姨）、使者乘坐的车子，再后面跟着的是撑伞与遮阳的队伍。

队伍在音乐的伴随下，向着新娘的家行进。因为时间有限，所以如果路程过远，则会借用新郎家附近的亲戚或者朋友家出嫁。如果实在没有熟人，那么也可以拜托不认识的人，在这种时刻任谁都会爽快地答应。当队伍到达新娘家时，新郎由娶亲太太陪伴，向新娘的父母行叩头之礼（双膝跪下磕头的礼仪）。接着，新郎被迎接到待客室，等待新娘行上头礼（梳发）、更换出嫁服装。屋外演奏着上头仪式的乐曲。头发早已在早晨便梳妆完毕，此时只是摆个模仿的样子。乐队往往在这一时刻收到红包，所以干劲十足。

准备齐备，终于要出发了。道路上铺上了红毛毡，新郎乘上了花轿，新娘在两位喜娘（娶亲太太与送亲太太）的搀扶下钻进花轿。新娘的衣服就像京剧《贵妃醉酒》中杨贵妃所穿的刺绣"凤冠霞帔"（王妃的正装）一般，头上用红色的方巾"盖头红"盖上，不让别人看见新娘的脸。这时候花轿的入口处，自上而下悬挂了刺绣幕帘。

迎接新娘的队伍，与来时一样演奏着音乐，往新郎家中行进。当花轿临近新郎家时，此刻便显示出轿夫的本领了。他们配合着愈发高昂欢快的音乐节奏，踏出稳健的步伐。这一时间也是轿夫领取红包的好时机。

当花轿一落在门前，庆祝的爆竹便声声响起。新郎先下轿，而后新娘在两个喜娘的搀扶下，走过红毛毡，来到院中祭拜天神地神的祭坛。在农村，为辟邪，宴会的厨师架起谷子茎火把，往热犁①上浇醋。②在城市里，领队的人手持一束点燃的线香，进行引导。两侧的人们则一齐向新郎新娘的头上撒下切成小段的谷子茎、谷物、花生、银杏，这被称为"撒谷豆草"。这大概就是今天婚礼上抛撒五彩纸

---

① 犁是一种耕地的农具，通常系在牵引它的牲畜或机动车上，也有用人力来驱动的，用来破碎土块并耕出槽沟从而为播种做好准备。
② 往烧热的犁铧上浇醋会发出类似鞭炮的爆炸声，环保又安全。

屑的原型吧。

过了一会儿,领队的人在祭坛的金纹香炉里插上线香,里面还燃烧着两根粗大的红烛。新郎新娘行拜天地神的仪式,这就是华烛[①]庆典"拜堂"。经过这个仪式,二人正式结成夫妇。

拜礼结束后,进入房间。门槛上放着马鞍,新娘要从这上面跨过去。因为"鞍子"[②]与"安子"同音,所以寓意吉祥。进入洞房(新婚房间)后,新郎取下新娘所盖的红头巾。在新郎新娘之间,会用红线将两个杯子系在一起,由喜娘(服侍新娘的女性)为其斟酒,让新人饮用。接着给新娘吃没煮熟的饺子,这叫作"子孙饽饽"。等新娘吃了一口,就马上问她"生不生?"新娘立刻接口道:"生。""生不生"与"生"之中,蕴含了生孩子的意思,回答"生"是以此祝福吉利。

等到这一阶段结束,喜娘打开嫁妆的柜子与衣箱的锁,

---

① 旧时结婚所用的绘有彩饰的蜡烛。借指婚礼。《剪灯馀话·洞天花烛记》:"丈人读既,称叹再三,遂留宿,以光华烛之会。"

② 鞍子,放在牲畜如马、骡背上以便人乘坐或驮运物品的器具,用皮革包木制成。

这叫作"开箱"。打开后,将钥匙递给新娘。新娘将厚重的杨贵妃式礼服脱下,换上平常的漂亮衣服。

接下来是喜宴。新郎新娘与双方的父母、媒人等人一同入座主桌。菜肴虽说是按顺序端出,不过主菜都是配合了音乐的伴奏出品的,这时要给厨师与乐队发红包。宴会举行到中场的时候,在音乐的伴奏下,新郎新娘要向亲戚友人敬酒以表示感谢,在各桌酒席中周旋。等到宴会结束,乐队会在帐篷中演奏地方戏曲或京剧等节目直至深夜,深受近邻与宾客们的喜爱。

另一方面,新郎新娘回到了自己的屋中,"闹新房"便开始了。所谓闹新房,指的是亲戚朋友跑到新婚夫妇的屋子里讨要点心或糖果、嬉笑欢闹的风俗。人们轮番上阵,一直闹到深夜。在这里,长辈和年纪大的人就会避开,只有同辈、年轻人在一起玩。到了夜里,只剩下为数不多的亲朋好友聚集在一起,围着新郎新娘举行被称为"五大碗"(五种佳肴)的简单餐宴。等到这个活动结束,闹新房才算完成。终于到了就寝的时刻了,不过偶尔还会遇到恶作剧者,他们在外面敲打门窗、模仿猫的叫声或者说话,在门上贴着耳朵偷听屋内的动静。这么说来,在日本也常常会有人算计好友的新婚旅行，趁他们入住酒店的睡觉时间打电话过去捣乱，这也许也是一种闹房。新婚洞房里点的灯是承担起"长命灯"的吉祥意义的油灯，一夜不熄，彻夜通明。

关于中国传统婚礼的规矩，下面有一个有趣的传说。

盖头红的故事

传说，很久很久以前，洛阳的南山上有一棵桃树。这棵树已历经千年风霜，修炼成一个美丽的桃花仙女。在这棵桃树的不远处有一个洞穴，里面住着一条巨大的黑蛇。这条黑蛇是一个贪图色欲的妖怪，总是纠缠桃花女。

桃花女觉得黑蛇样子太丑陋，还总是祸害人类，对它厌恶至极。

一天，黑蛇又来到了桃树前调戏桃花女，本以为能讨得欢心，没想到反而被骂了一通。不甘受辱的黑蛇发怒了，一下子就将桃树层层圈住，想要勒死桃花女。正巧一个年轻的砍柴人王小经过此地，桃花女瞬间变身为姑娘的模样，大喊："救命啊！"王小一见黑蛇卷住了姑娘的身体，当即举起了手中的斧头，瞄准蛇的眼睛砍了下去。黑蛇来不及躲闪被砍断了尾巴，只能忍着剧痛逃回了洞穴。

桃花女从前就很喜欢这个来山里砍柴的善良又勤劳的王小，想跟他结为夫妇，只可惜没有机会表白自己的心意。这回她特别想感谢帮助自己赶走了黑蛇的王小，桃花女一边向王小道谢，一边想告诉他自己的身份。可是她又担心，如果突然告知自己是桃仙，对方一定会大吃一惊，还是暂时保密，找个合适的机会也不迟。

于是，桃花女对王小说："我是外地人，父母早已双亡，无依无靠。我听说舅舅在此地经商，前来寻访，可是舅舅已经去了远方。这不误入了山林，迷了路，险遭黑蛇之灾。如果没有你的帮助，我可能已经成了黑蛇的腹中之物。我无家可归，如果你不嫌弃我贫穷，不讨厌我长得难看，我愿意一生陪伴在你身旁，为你煮饭，报答你的救命之恩。"

一直心心念念娶亲的王小，听了桃花女的话，心花怒放。他看着身边的桃花女，美如桃花，一张樱桃小嘴，弯弯的柳叶眉。如果能够娶到这样的妻子，那今后的生活该多么幸福啊。可是，他仔细一想自己只是个砍柴的穷小伙，有点担心养不起她。

"我是个穷小伙,吃不上饭,穿不起衣。你还是嫁到有钱人家去吧。"

桃花女一听这话,伤心地哭了。

"你是一个善良勤劳的人,我想跟着你。我不是好吃懒做之人,成亲后,你砍柴,我纺线,足以生活。你要是不喜欢我的话,那我只能坐在这里等着被黑蛇吃掉了。"

王小为桃花女的真心感动了,答应了她。下山后,王小将桃花女托给阿姨家,选了良辰吉日,准备成亲。

被王小砍伤的黑蛇精,躲在洞穴里疗伤,对王小恨之透顶。它从家丁那里听说桃花女要和王小成亲的事,暴跳如雷,命家丁立刻去杀了桃花女和王小。可是家丁们都害怕王小的斧头,畏畏缩缩,不敢上前。于是黑蛇想出了一条毒计。

桃花女知道阴险的黑蛇一定会在自己结婚的时候掀起风波,她果断地向王小说明了自己的身份。王小虽然为她的话所吃惊,不过更为能够与桃花女结为夫妇而欣喜。二人经过仔细商量,周密安排,准备与黑蛇一决高下。

不久就到了桃花女结婚的日子。黑蛇带上家丁,来到王小家的上空,伺机而动。正值中午时分,桃花女在喜娘的搀扶下乘上了花轿。就在此时此刻,黑蛇命赤蛇精杀了桃花女。赤蛇听令,变身为一块大陨石,瞄准了桃花女一头撞去,不想刹那间就败下阵来。赤蛇精对黑蛇哭诉"大王,桃花女的头上盖着一块大红色的布头(盖头红),就像燃烧的烈火一般,我根本就睁不开眼"。

黑蛇听了这话,怒火中烧,一脚将赤蛇精踢进了土里,变成了一条蚯蚓。

接着,黑蛇命黄蛇精:"你去!"可是,黄蛇精原本就是个胆小鬼。在桃花女乘坐的花轿顶上,罩着一个铁丝网制作的圆形"筛子",黄蛇精心惊胆战地从远处看见了这个闪闪发光的圆形筛子,心想:"轿子上面安置了千里眼的话,我从哪里下手啊。而且要我为别人送死,太不划算了。"

心里这么算计的黄蛇精跪在了黑蛇面前,磕头求饶:"大王,请原谅小的无能。"

黑蛇一听,气不打一处来。"你这个蠢货!"一脚将黄蛇精踢进了河中。从那以后,河中便生出了黄色的鳝鱼。

这回轮到锦蛇了,黑蛇吼道:"你去!半路上把她干掉!"

锦蛇是个笨蛋,没有什么本领,力气却很大。它躲在路边的大石碑后，准备当花轿通过时推倒石碑，压死桃花女。可是，当桃花女所乘的花轿来到石碑前时，出现了一个男子。他用红毛毡覆盖住石碑，将写着"花红盖之"字样的红纸贴在了石碑上。于是石碑就好像生了根似的，任锦蛇使出全身的力气也纹丝不动。

锦蛇叹了口气，正准备再推一次的时候，就听到"啪"的一声巨响，爆竹炸裂了。锦蛇吓得大惊失色，一下子蹿上天空。黑蛇见此情景，破口大骂："没用的东西，还不如被人吃了。"一脚踢飞了锦蛇。从那以后，锦蛇就成为人类的料理食材。

这时，桃花女的花轿已经落在了王小的门前。黑蛇慌忙命青蛇："咬住她！"青蛇龇牙咧嘴正要袭击轿中的桃花女，不料从王小的家中跑出来两个厨师，一人举着谷子茎火把；一人左手拿着烧得通红的犁，右手拿着一大碗醋。只见他将醋浇在犁上，瞬间发出哗啦哗啦的声音，冒出了一股白烟。青蛇避让不及，浑身都被烧焦了，踉踉跄跄地落荒而逃。

黑蛇又派出了白蛇。这时候桃花女已经从轿中走出，正由两位喜娘搀扶着走进王小的家中。白蛇刚想张口咬桃花女，却不知道头上唰唰地掉下来什么东西。定睛一看，原来是两个男子正在抛撒马草。落在地上的谷子茎马草中还混杂了很多花生、枣子、百果、糖果等。贪吃鬼白蛇流着口水，大口吞食起来。等到它回过神想起黑蛇的命令赶紧去追时，桃花女已跨进了大门。大门两侧放着两束谷子茎，上面还套着红色的棉衣。白蛇一见到这个，顿时胸中怦怦直跳。这是两个把门将军，如果不小心进入，说不定连小命都没了，白蛇仓皇逃了回来。

全军覆没，黑蛇只能亲自出战。桃花女和王小正在神龛的桌前举行婚礼，黑蛇化成了一股黑烟，迅速地钻进桌子底下。它打算伺机咬住二人，释放身体中的毒液，杀死他们。王小与桃花女正准备行夫妻之礼，黑蛇见二人恩爱，又听到人们庆祝的笑声，羡慕嫉妒得忍无可忍。它从桌下探出了脑袋，张开血盆大口。就在这千钧一发之际，桌上巨大的铜镜照射到黑蛇，逼它现出了原形，啪嗒一声掉在了地上。人们被突然出现的黑蛇吓得惊慌失措。王小与桃花女不约而同地抬起了右脚，一个使劲踩住了黑蛇的头，一个踩住了黑蛇的尾巴，对大家喊道："诸位！这就是罪恶累累的黑蛇精，在照妖镜前被剥去了伪装的外衣。"

人们听了这话,纷纷拿起棍子与砖瓦想要打死黑蛇,却被桃花女劝住了:"诸位不用着急。先让黑蛇在大家的面前招认以往的罪行。它若老实交代,我们不妨留它一条生路;如果还敢狡猾抵赖,到那时再打死它也不迟。"

黑蛇为了保命,原原本本地交代了罪行。桃花女听过,只一脚便踢飞了它:"饶你一命!以后万万不许作恶了!"黑蛇垂头丧气地钻进了围墙的洞里。人们纷纷祝福王小与桃花女,感谢他们踢走了妖怪。

从那以后,举行婚礼时为了辟邪消灾便会仿效桃花女的样子:新娘乘坐花轿时,头上盖着"盖头红"的红布,轿顶罩上筛子;花轿从大树或大石头前通过时,或者经过三岔路的时候,用红毛毡覆盖的同时贴上写有"花红盖之"字样的红纸。花轿一落地,两个厨师会在烧红的犁上浇醋,取意"激犁"(与"吉利"同音,祝福吉祥);新娘从花轿中下来时,要抛撒"马草";在神龛前面的桌子上放上一面大铜镜——这些仪式渐渐成为吉利的风俗习惯。

三天回门

婚礼结束后的第二天,新娘要在婆家向长辈、年长者行礼,长幼有序。第三天则是"归宁",新娘与新郎一同回娘家。

很久以前有一个风俗,需要派人将新娘身为处女的情况报知娘家。人们认为,原本女性出生时拥有"元红"的血块,只要不跟男性接触,就一直原封不动地存留于体内。结婚的初夜,通过"元红"排出与否判断是不是处女。那天晚上,床上铺着被称为"喜帕"的白布,这样可以清楚地看见是否染红。初夜的寝具由"送亲太太"(在婚礼上,作为母亲的代替者照顾女儿的妇人)亲手铺好。"喜帕"上一旦落红,第二天早上,送亲太太就飞快地派人将这个喜讯通知新娘的娘家。当其来到新娘娘家附近时,为了让邻居们都听到这个消息,还会一边跑一边大声地通报。

另一方面,新郎家的大门上悬挂红绸彩球,等待着新娘家中的来宾(据说在古时会悬挂染红的"喜帕")。而后,在新郎家中举办只有双方女宾参加的喜宴。

接着,为表达新郎家的喜悦,会将一头"烤猪"送到新娘的家中。特别要将猪身上最美味的部分"头"送于媒人家。因此，直到今天还保留着俗语"想吃您家的猪头"，意思是接受了媒人任务。

后来，"喜帕"的仪式逐渐消失，演变成在结婚的第三天新郎新娘前往新娘的娘家行礼、吃酒宴的习俗，这被称为"回门"或"归宁"。在这天，新郎要带去"烤猪"或者"烤全猪"。

当然，时至今天，这些习俗都已经消失了。不过，有的地方还保留了一些风俗。比如新郎新娘从新婚旅行回来后，新娘家要款待亲戚朋友，举办结婚后的宴会。这个时候，女婿家就会带着"烤猪"前去请大家品尝。

冥婚

自古以来，婚礼的形式多种多样。

到了适当年龄结婚，自然是最普通的情况。家世相仿、性情相投的两家父母，为了两家和睦与繁荣，当孩子还在娘胎里的时候便为他们订下婚约的风俗也很多。如果双方生下了相同性别的孩子，就结拜为兄弟或姐妹。如果是异性，就结为夫妻，这种婚约被称为"指腹为婚"。

此外有一种"童养媳"的风俗。为了给儿子娶妻，通过讨要或者购买的方式获得女孩，将其抚养成人。在儿子成年之前，女孩作为女仆辛苦劳作，特别是在农村，常常在儿子只有三四岁的时候便领进十五六岁的女孩。

还有招女婿的"入赘"形式。中国人一般不会轻易舍弃自己的姓氏，不像日本女性在结婚后会改随夫姓。

也就是说，入赘之后虽然要照顾岳父岳母的老年生活，但是不用改成妻子的姓，所以这也称为"养老女婿"。但是，为了妻子家的后代继承，出生的男孩中必须有一人沿袭母亲家的姓氏。

今天的婚姻法实行一夫一妻制，但是在从前，除了妻子之外，还有"纳妾"的风俗。这并非是在家的外面另外包养小妾，而是获得妻子与亲族认可后，堂堂正正举行仪式娶回家中的。当然，妻子并不会失去其作为第一夫人的地位与权力。

另外，还有一种比较罕见的"冥婚"，即与死人结婚。这种婚礼共有"娶鬼妻""抱主成亲""结阴亲"三种类型。

所谓"娶鬼妻"，即虽然订了婚约，但是新娘在结婚前去世，因此由活着的男子与死去的女子举行结婚仪式。也就是字面上的"娶鬼妻"的意思。这种情况下，男性可以再婚，不过要以鬼妻为正妻。

"抱主成亲"与"娶鬼妻"正好相反。结婚前男子去世，由活着的女子与死去的男子结婚。在举行仪式的时候，女子要抱着男子的灵位，所以被称为"抱主成亲"。古时，在男尊女卑的时代，妻子必须为丈夫保守贞操，即便丈夫只是个灵位，一般女性也不会再婚，而是终身守寡。

"结阴亲"指的是让去世的未婚男女结婚。这种情况下，依旧要请媒人为中介，像活着的人一般举行婚礼，邀请亲朋前来祝贺。等到仪式结束便正式结成夫妻，将二人的坟墓挖开进行合葬。新郎新娘的家人则结为姻亲关系。

今天，这些结婚的形式基本都消失了。不过，"养老女婿"的情况偶尔还会见到。

现代婚礼

现代的生活方式发生了变化，从前那种婚后才开始第一次交流，而后培育爱情的模式已经消失了，基本上都是恋爱结婚。即便是相亲，一般也是经历了一段时间的相处之后再结婚。聘礼、订亲、婚礼所需要的媒人等帮手，虽然与从前的传统方式并没有特别大的变化，不过，所谓三媒六证已经不再是必需的流程。而代之以举办订婚仪式或者交换订婚戒指、在订婚证书上盖章。媒人也仅仅是介绍人，不再肩负从前的重任。迎接新娘的花轿，也许在远离城镇的偏僻的农村还可能看得到；在城市里，全然变成了用红绸花朵、彩球等装饰一新的自行车。除非新娘远嫁到外地城市以外，再也没有从前那种借住于新郎家附近的亲戚家里出嫁的情况了。不过，如果两家人住得过于接近的话，则会以汽车巡游的方式演示这一流程。另外，即便是要借婚房，现在也越来越倾向于入住酒店。在新郎家的大门上，用绢花布置出拱门，在门的两侧贴上写有对联的红纸"喜联"，在大门上贴上"囍"字，这些都沿用了从前的习俗。

举行结婚典礼及宴会的时候，农村另当别论，城市里一般都没有很大的住宅，所以基本都是在酒店或者餐厅举行。在餐厅的大门上用花朵装饰成拱门或者大花环，写上"×家×家婚礼喜筵"或者"×家×家婚礼之喜"；扬起两面交叉的"囍"字红旗。当新郎新娘乘坐的汽车到达时，便燃放爆竹，抛撒五颜六色的纸屑，铜管乐队奏乐迎接。

结婚宴席（新郎新娘在各个圆桌之间周旋，分发篮子里的香烟）

宴会场上，正面挂着巨大的红底金色"囍"字，两侧挂满了亲戚朋友赠送的五颜六色的祝福语"幛子"（幛子分为葬礼用"挽幛"、庆生用"寿幛"、婚礼用"喜幛"。"喜幛"使用刺绣的被面或丝绸、缎面、缎子等布料。这些面料在婚礼后依旧可以使用，所以文字并非直接写在布上，要么是用金纸剪裁下来，要么是将正方形红纸摆成菱形，每张纸上用金粉写一个字，再用别针固定）。在前面的装饰台上铺满了花朵，点燃两根巨大的金纹红烛，简直就是一场华丽的庆典。

贺礼可以是个人购买，如果是金额较大的礼物，也会多人共同出资，这叫作"随份子"。或者也可以在婚礼当天用红纸袋包上礼金作为贺礼。婚礼是喜庆事，出席者都会穿上华丽的衣服，黑白配色则被视为禁忌。所以，中国人简直无法想象日本不论婚礼还是丧礼都使用黑色的服装。

婚礼在司仪的主持下进行。首先是男方的父亲也就是"男方主婚人"入场，其次是女方的"女方主婚人"入场，分别站在礼桌的壁侧，也就是背靠墙站在桌子的两侧；接着是"介绍人"（媒人），以及见证婚礼的"证婚人"入场，站在双方"主婚人"的正中的位置（有的时候也会按照"证婚人""介绍人""主婚人"的顺序入场）。

证婚人一般都委托于当地位高权重之人，或者职场的代表。当全员到齐后，终于轮到新郎新娘入场。在现场演奏或者磁带播放的音乐伴奏之下，手提花篮的两个少女一边撒着花瓣一边前进；接着，新郎新娘分别在两个年轻的伴郎伴娘"男傧相"和"女傧相"的陪伴下入场。在今天，一般都使用西式礼服，新娘也是穿着婚纱、戴着头纱。从客席中间铺着的红色绒毯过道，缓缓走向主桌。新人隔着"主婚人"和主桌，面对面站好。依照司仪的示意，向"主婚人""证婚人"致辞之后，证婚人朗读表示新人意愿的结婚证书。在结婚证书上写着新郎新娘的姓名、祖籍、出生年月日；以及这对相配的情侣是经由某某的介绍，于何年何月何日何时、在何地、在某人的见证之下举行了喜庆的仪式，从此构筑美满的家庭等意味的话语。等到证婚人朗读完毕，按照新郎新娘、证婚人、介绍人、主婚人的顺序，分别在证书上盖章。接下来，交换戒指，新人行三鞠躬之礼；而后向证婚人、媒人，以及来宾们三鞠躬。最后，在音乐的伴奏中新人退场，依次证婚人、媒人、主婚人退场，至此婚礼仪式结束。

仪式的顺序通常如下：

一、主持人入席

二、奏乐

三、男方来宾入席

四、女方来宾入席

五、证婚人入席

六、介绍人入席

七、主婚人入席

八、新郎新娘入席

九、证婚人朗读结婚证书

十、新郎新娘盖章（或签名）

十一、证婚人盖章（或签名）

十二、介绍人盖章（或签名）

十三、主婚人盖章（或签名）

十四、新郎新娘的成婚三礼

十五、证婚人给新郎新娘交换戒指

十六、奏乐

十七、证婚人致辞

十八、介绍人祝词

十九、主婚人致辞

二十、来宾代表祝词

二十一、主婚人谢辞

二十二、新郎新娘向证婚人三鞠躬

二十三、新郎新娘向介绍人三鞠躬

二十四、新郎新娘向主婚人三鞠躬

二十五、新郎新娘向来宾三鞠躬

二十六、新郎新娘退场

二十七、证婚人、介绍人、主婚人退场

二十八、奏乐

二十九、礼毕

这之后婚宴正式开始。婚礼与婚宴有时候分开举行，不过，因为婚宴时前来祝贺的嘉宾最为齐全，所以婚礼大多也在宴会场举行。

婚宴如果在另外的会场举行，那么新郎新娘便同举行婚礼的时候一样，身穿婚纱入场。这是因为举行婚礼的时候，只有亲戚与一部分宾客看到了新娘装。如果是在相同的会场举行了婚礼，那么新娘会更换一套礼服重新入场。主桌不仅有新郎新娘，主婚人、媒人、双方的父母也同桌入席。首先由媒人介绍新郎新娘，而后，仿照西式婚礼举行切蛋糕的仪式；如果没有切蛋糕的环节，那么在媒人的介绍之后,证婚人、来宾则会相继祝词。先前新娘若是穿婚纱出场,这之后就可以更换为轻松的服装了。

宴会进行到一半的时候,新郎新娘与主婚人一同在伴郎伴娘的陪伴下,向各桌宾客逐一敬酒。等到宴会结束,新郎新娘与双方父母一同送别宾客,婚礼宴会就此告一段落。

等到新郎新娘回家进入自己的洞房(新婚房间)后,亲戚朋友们终于可以前来欢闹传统的"闹洞房"(也叫"闹新房")了。从古至今,这个习俗都不曾改变,一直要闹到深夜。

至于新婚旅行,中国人认为新婚燕尔不适宜过早空出洞房,至少要等到三天后才去享受蜜月旅行。

曾经有一段时期,冠婚葬祭等习俗操办被视为一种资源人力的浪费。所以,不同于海外华侨或香港地区,在中国大陆的城市里流行简单朴素的茶话会形式的婚礼。在婚礼上,新娘不穿婚纱,新郎新娘只在胸前别上大红花。没有什么规则,只是在证婚人的见证下在结婚证书上盖章而已。不过,作为人生重要的一页,这种形式过于简单潦草,所以现在又开始流行起从前的那种相亲、置办嫁妆、举行宴会等仪式了。

戒指的传说

现代婚礼上有互换戒指的仪式,但是在从前不是互换,而是新娘在出嫁时便已经戴好了戒指。这是为什么呢?

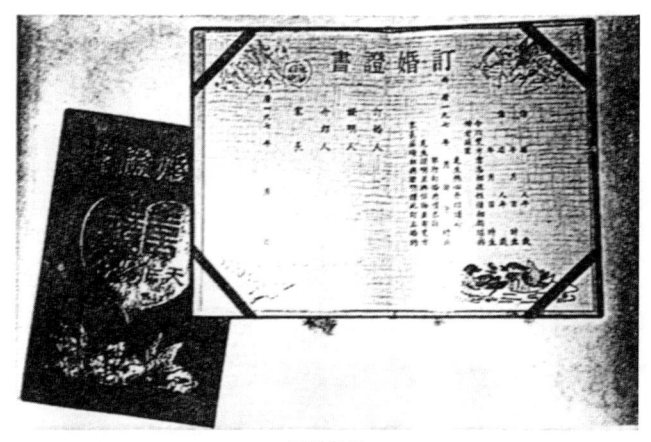

订婚证书

传说有个皇帝选了一个贫民家出身的女儿做宫女,那天晚上,皇帝下圣旨要求她伴驾。可是,女孩不想成为妃子,而且还遇上了生理期。但是她不能明说,只能偷偷地哭泣。幸好有一个宫女教了她一个办法,让她在左手指上戴上白玉环。晚上,皇帝看见了白玉环,便问她:"这是做何用?"

女孩一边擦着眼泪，一边答道："这是戒指。我今天'身子来了'，戴上它表示信号，请皇帝陛下'戒旨'。"

皇帝一听戒旨，只能悻悻而归。后来，为了逃避被皇帝选中成为妃子，家家户户到了女儿成人、出嫁的时候，便会给她戴上"戒旨"（戒指）。后来这个习惯演变成一种风俗。因为戒旨的旨与指同音，又是戴在手指上的，所以就称为戒指。

祝寿

生日对于每个人来说都是一个重要的日子。那是一个生命在这个世界上诞生，作为社会的一员生长成长的日子。但是，在医学尚不发达的古代，婴儿的死亡率很高，"出生"与"生"未必是联系在一起的。因此，为了出生的婴儿能够平安长大，就出现了各种各样讨吉利的习俗。

例如，为了不让生命逃走，取名"拴住"（拴在柱子上）或者"拴儿"（拴住的孩子）；为了像动物一般拥有强健的生命力，取名"狗子""虎子"等。另外，比如认多子女家庭的母亲为干妈；在男孩的耳垂上打上耳洞，戴上线圈以防生命逃脱。

不管怎样，比起出生的祝福，之后的成长祝福更为重要。所以，在婴儿诞生的第三天有"洗三"，一个月时有"满月"，两个月时有"双满月"，一百天时有"百岁"，一周年时有"周岁"……接连不断地举行庆祝。这就是对于所谓生存记录的喜悦的体现。时至今日，余韵留存。不过，一岁以后，除了个别例外，一般不再举办庆祝仪式。从古时的情况来看，或许是因为婴儿周岁以后已具备一定的抵抗力，所以就不那么担心了吧。

取而代之的是，年老之后，年轻人要为年长者举办盛大的生日庆祝。一般以六十岁花甲（还历）为界，每年都会举办一次，不过真正庆祝的还是逢五与逢十的数字（七十、七十五、八十……）。与其说是生日庆祝，不如说是举办庆祝长寿的喜宴，是谓"祝寿"或"庆寿"。

生日那天，房间的正面挂上红缎墙饰，上面绣上了金色的"寿"字（基本上都是小辈或朋友所赠）；两侧用"寿幛"（祝贺的绸缎。上面用别针钉上红纸，写上祝福的语言或对联）加以装饰，这也是朋友赠送的。寿幛的前面放置祭拜寿星老人像的桌子，摆上供品，点燃红烛与线香。早上，首先是过生日的本人及家族一同向寿星拜礼；接着，

年画：寿星老人

从家族中的年少者开始，依序向过生日者祝词拜礼。这个仪式结束后，便等候嘉宾的来临。庆生，自古以来就很受重视，出门在外的人为了庆祝父母的生日，需要特地返回故乡。另外，在庆祝别人生日的时候，与其他庆祝仪式不同，"礼到人不到"（只有礼品或金钱送到，而人没有来参加）被视为不可原谅的失礼行为。礼品可以在庆生之前赠送，也可以在当天带去；可以多人出资，也可以个人购买，这些都没有关系，但是务必本人出席，恭祝长寿。这被称为"拜寿"，是庆寿的礼节。

桃子是长寿的象征，所以庆祝生日用的蛋糕、蒸糕等点心常常做成桃子的形状，并且多加利用带"寿"字的词汇。比如，生日称作"寿辰"、庆生称作"庆寿"、生日用的蜡烛叫作"寿烛"、生日用的桃子叫作"寿桃"、生日用的蛋糕叫作"寿点"、生日宴会称作"寿筵"、祝酒称作"寿酒"。在庆祝生日的时候，还要食用蕴含了长生长寿的吉利意义的面类，这叫作"寿面"。因为过分重视"寿"字，后来就流传出这么一个笑话。

有一个头脑不太聪明的女婿，去妻子的娘家为岳父庆祝生日。出发前，父亲担心儿子不机灵，嘱咐他："你去了岳父家之后，要注意说话措辞，尽量多用'寿'字……"

女婿到了妻子的娘家，他一看到桌子上点燃的蜡烛便说"寿烛"，看到摆放着的庆生桃子说"寿桃"，生日蛋糕说"寿点"，面条是"寿面"，"寿"字满嘴跑。岳父对于女婿的用词非常满意。不一会儿寿宴开始了，当寿面上桌时，一只苍蝇飞来，落在了岳父的秃顶上。女婿立刻跑到他的身边，想用手掌拍打苍蝇，一边还说道："不用担心，我绝不会拍痛您的'寿头'的。"

岳父听了很恼火，一怒之下把面都撒到了衣服上。女婿赶忙拿了毛巾给岳父擦拭，一边说道："好端端的'寿衣'被弄脏了，太可惜了。"

岳父大怒，气得一时说不出话来。吃完了面，傻女婿拿起桌子上的紫檀木小箱子，一边摸一边说道："这个'寿木''寿材'真是太棒了！"

岳父怒火攻心，昏厥过去。

究其缘由，虽说是同样的"寿"字，但是"寿头"表示"傻瓜"的意思，"寿衣"是死人穿的衣服，"寿木""寿材"指的是棺材所用的树或木材。

生日庆祝就如"庆寿"这个词语所显示的那般，主要是为老年人举办的。近来，中国也出现了很多像日本一样的家庭内小范围的庆生活动。与其说是因为生活富裕了而举办生日会，倒不如说是出于纪念意义，一家人制作丰盛的佳肴，共同欢庆。

临终

在日本，为老年人祝寿有七十七岁的"喜寿"，八十岁的"伞寿"，八十八岁的"米寿"，九十岁的"卒寿"，九十九岁则被称为"白寿"。但是，这些名称对于中国人而言，首先，"卒寿"就成为问题。因为"卒"含有"终结""结束""死去"等意思。在日本，学业完成叫作"卒业"，像死了一般摔倒叫作"卒倒"，死去叫作"卒去"。按照这个文脉解释的话，"卒寿"就变成了"寿命结束"或"死寿"，这对于老年人来说是非常不吉利的语言。

说起"吉利"，从前中国人相互之间赠送的礼物中，钟被视为禁忌品。这是因为中文里的"送钟"与"送终"同音，意思是照料至临终，也就是"取死水"[①]的意思。

---

① 滋润死者嘴角的仪式。自古以来不分宗派，是日本广泛流行的习俗和风俗。

日本有这么一句俗话："希望能够睡在榻榻米上死去。"意思是不要在野外或者其他奇怪的地方死去，而是在自己家的床上去世。但是，在中国说"可怜地死在了床上"或者"终于死在了床上"，则被视为非常糟糕的事情。

在中国的风俗里，人在呼吸停止之前必须穿上新衣服，从炕上或者床上移至特别设置的简易床铺。如果有亲属或子女看护，是绝对不会让其死在床上的。换言之，死在床上的人都是没有亲人，或者身边没有人照顾的情况下。但是，在今天，对于在医院里病逝的人就不能这么说了，而是要把"佛"接回家后再更衣。

特别是年纪大的人，与年轻人不同，对于死亡已具备了一定程度的心理准备，所以生前便让子女准备好升天成佛之时所要穿戴的一种特别刺绣的服装"寿衣"、绣着莲花的枕头"寿枕"、鞋子"寿鞋"等，收纳好直至那一天的到来。另外，有的地方风俗是特别定制棺材、修建气派的砖瓦或混凝土墓地，令当事人非常满意。不过，现在城市里几乎都是火葬，而且如果不是非常偏僻的乡下，也不再沿袭这一风俗。尽管如此，日本京都的黄檗山上还设有中国人土葬的墓地，我朋友的母亲也早已预订好了一席之位。

当然，他的母亲还健在。

对于老年人的变化（死），就像俗语所说："过了七十年年变，八十月月变，九十天天变。"时刻不能掉以轻心，才能有备无患。另外，迷信的观念认为，事先准备好，反而会让死神遗忘而得以长寿。

通常，人在临死之际，病情突然恶化，就要立刻为其换上新衣，搬移到临时组装的板床上。但是，如果一直没有断气甚至缓过气来，那么就要将其搬回床上，脱下衣服。如果病情又发生突变，则再次换上衣服，搬至板床。所以，有一些气脉比较长的人会重复很多次这样的动作。对于死者而言，真是一个不能悠闲死去的风俗。

等到最后的气息停止后，擦拭干净身体，梳理头发，修剪指甲，男性还需要剃须。然后穿上预备好的"寿衣""寿鞋"，搁好"寿枕"与"脚枕"（像山型搁笔架一般，让两条腿收拢的脚托）。口中放入珍珠、银、玉等珠宝，脸与身体用白布覆盖（对于寿终正寝的高龄老人，则使用绣有神仙、莲花或者寿字的白色绢布盖住身体，用红绸盖住脸）。然后，用麻绳轻轻绑住双足，在白布上面（腰间位置）放上铁器。为了不让饲养的猫靠近，要用绳子拴住猫；并且不能让眼泪掉在死者的身上。按照迷信的说法，如果让猫接近死者，或者让眼泪落在身上，死者就会突然坐起，甚至走动。为了防止此类现象的发生，所以在胸前放置铁器，拴住双足。

在死者的身边，点上一盏油灯，这是为死者前往黄泉之国开道，陪伴其直至埋葬。插上线香，焚烧彼岸的冥币

左起 眚神（灾神、煞神）、查察司①、黑无常（死神）、白无常（死神）
牛头、马面

---

① 阴间四大判官之一。双目如电，刚直不阿。其职责是让善者得到善报，好事得到弘扬，使恶者受到应得的惩处，并为冤者平反昭雪。

黄表纸。

直系亲属跪在院子的窗下或烟囱的附近，念叨着"前方是光明大道"，为死者指点道路。等到这个仪式结束，就大声哭泣，同时向亲戚朋友发出讣告。

另一方面，如果在大城市里，要前往祭祀城市的镇守神也是冥界判官城隍的"城隍庙"；如果在小的城镇里，则要去祭拜土地神的"土地庙"，插上线香，焚烧黄表纸，向神灵报告，这被称作"报庙"。

古来传说，人在临终之际，冥府的死神"黑无常"与"白无常"已手持"勾魂牌"站在了床前，两侧站着手持铁链与钢叉的"牛头""马面"（长着牛头和马面的两个地狱看守）。等到人一咽气，立刻在亡灵的头上套上铁链，拖往黄泉路。亡灵第一个来到的地方就是城隍庙。

所以，在人死咽气的同时，遗属必须提着灯笼，前往城隍庙报告。前去报告时，须在黄表纸上写上死者的姓名、出生年月日时、原籍、死亡年月日时等信息，而后焚烧。这就是提交死亡报告。接着，从庙里出来后，要哭喊死者的名字，这叫作"叫魂"。在今天，农村有其自己的做法，但是在城隍庙稀少的城市里，以及出于打破迷信的观点，

"报庙"的仪式几乎不再举行了,不过经常可以看到在十字路口焚烧黄表纸的情形。

死者的旁边放了一个大瓦盆,每隔两三小时便烧一次黄表纸。在烧纸的时候,一般都会放声哭泣,向死者诉说自己的悔恨等心情。过了一阵,再在周围人的抚慰下渐渐停止哭泣。

为亡者烧纸的由来

从前,有一个贫穷的学者,他的父亲去世了,可是他连买棺材的钱都没有,只能将死者放在家中。正巧这时一个有钱的朋友来访,问学者为什么不落葬。学者要面子,搪塞说自己为了报答父亲的养育之恩,不忍心马上埋葬,想在身边陪伴一段时间。朋友听了这话非常感动,立刻将这件事传了出去。渐渐地人们就认为,将死者放在身边越久,其孝心也越重。

某年夏天,一个官员的母亲去世了。大暑之中,不可能将死者放在家中。可是,如果不在家里停放,又担心被别人指责不孝。于是,他将死者移到寺庙里,说母亲笃信佛教,便托付给了庙里的和尚。和尚无奈,只能叫小和尚

撒纸钱的送葬队伍

日夜看守死者。到了夜里,尸体开始腐烂,小和尚受不了臭气,便烧起了稻草,祛除臭味。稻草都烧光了天还没有亮,他便将寺庙里的黄表纸收集起来,继续烧到天亮。正巧那时官员来了,见此情形问道:"你为什么要烧纸呢?"

小和尚没法说这是为了祛除臭味,正在窘迫之际,一旁的和尚糊弄道:"这不是烧纸,是给老夫人送钱呢。"

官员听了这话，直称赞是一个好办法。母亲虽然去世了，但是能够给她送钱就是最大的孝顺。官员非常满意。从那以后，给死者烧黄表纸的习惯就逐渐流行开来。

讣告

在中国，"红"色被视为喜庆的颜色，婚礼、生日等都叫作"红事"；相反，白色被视为悲伤的颜色，葬礼叫作"白事"。在举行葬礼的时候，房间里的墙壁全部用白色幕布覆盖，甚至连大门两侧与门上贴着的红色春联都要用白纸盖住。

从前，但凡有经济条件，婚礼与葬礼都会举行隆重的仪式。这是因为，婚礼是父母为孩子能够做到的一生只有一次的典礼，尽量要办得华丽盛大。而葬礼，则是孩子为父母能够做到的一生中也不会有第二次的典礼，作为一种孝顺也是要尽力而为。

举行葬礼的时候，事先请殡仪馆在面向道路的大门处制作白色绢花拱门；在院子里支起一面莎草[①]大帐篷，遮蔽

[①] 符簾，莎草。来自（葡萄牙）ampero，或来自（马来）ampela。

太阳光或月光。此处将作为葬礼的帮佣、进出的吊唁访客休息及吃饭的场所。按照迷信的说法，尸体如果被日光或月光照射到，就会变成危害他人的可怕的恶灵"僵尸"。

遗属穿上用白色麻布或者老粗棉布缝制的白色丧服，粗针大线（粗棉布代表质地朴素，粗糙的针脚象征了在丧事期间惊惶的心情）。衣服上没有纽扣，只在腰间系根麻绳，头戴白色丧帽，这叫作"披麻戴孝"。根据与死者的亲疏关系，丧服也有所区别。儿子的帽子的正面缝上铜钱，孙子的帽子上挂着用红毛线制作的球。如果死者是祖父，则在左肩缝上一块桃形的小红布；如果是祖母，则缝在右肩上。曾孙缝两个，玄孙缝三个。出嫁的女儿缝蓝布。穿着丧服的遗属，在遗体的旁边起居与吃饭，同时接受吊唁访客的哀悼。吊唁客人基本上都是接到紧急通知的近亲或朋友，所以来访时都会携带摆在棺材前作为供品的黄表纸或印制的黄泉国的货币、线香和一对很大的白蜡烛。

作为死亡通知的"讣闻"（讣告）非常讲究格式，一般如下所示，用红色印刷。语言也十分严肃郑重。

不孝男世修，罪孽深重，不自殒灭，祸延显考。国兴张府君。痛于某年某月某日某时寿终正寝。距生于某年某月某日某时。享寿八十有三。不孝男世修，亲视含殓，遵礼成服。叩在

乡　　咸年

　　寅

世

友　谊·哀此讣

闻

谨择于

十一月五日接三

　　九日禅

　　十日道经

十一月十一日番

十一月十一日伴宿送库

十一月十二日辰刻发引

孤子世修泣血稽颡

期服孙明才泣稽首

不孝儿子世修，罪孽深重，因为未曾自行毁灭，以致灾难落到了我的显考（父）的身上（"考"指的是去世的父亲，生前有官职的称为"显考"，一般的庶民则称为"先考"）。父亲，国兴张（在通知死亡的时候，姓写在名的后面，国兴张即张国兴），于某年某月某日某时，在卧室里去世。父亲于某年某月某日某时出生，享年八十三岁。不孝儿子世修，亲自照料父亲直至临终，将珍珠放在其口中，

送棺入殓。遵礼节,着丧服。谨向故人的同乡、学友、亲戚、同事、世交、挚友报丧。

上方所写的"孤子世修泣血稽颡"的意思是,失去了父亲的儿子(母亲去世时称为"哀子";父母双亡称为"孤哀子")世修,屈膝下跪,以额触地,向您哭拜并致以谢忱。"期服孙明才泣稽首"的意思是,孙子明才服丧一年,以额触地,向您哭拜并致以谢忱。在这之后,是数名近亲的联名签名。

作为葬礼的日程,"接三"是人死后第三天的仪式。"禅"与"道经",分别由和尚与道士念经。"番"指的是彻夜诵经,"伴宿送库"指的是在守灵的同时,到了半夜时分,焚烧用纸与芦苇或竹子制作的房子。十一月十二日辰时"发引"(送葬)。

收到讣告的人便会携带香奠①、供品或者"挽幛"(向丧家赠送的棉布或绢布,布上贴着用金纸剪出的"奠"字,

---

① 又作香典、香钱、香资、香仪。奠者,荐之意。于佛前或亡者之灵前供奉之香物称香奠。典者,购买物品之意;于灵前以金钱代替香物,称为香典。

或者是赞颂死者功德的字句。在丧事期间，丧家将此挂在墙壁上）赶来吊唁。根据与死者关系的亲疏，有的人参加全程仪式，有的人只参加部分仪式。

迎接亡灵后 再次送亡灵

根据习俗，将遗体入殓之后须在家中停放一段时间。即便是没有钱的人家也会停放五天，富人家甚至会停放四十九天。一般多为七天到九天，在这段期间内，主要请僧侣、道士、尼姑前来诵经。

棺材使用15.6厘米厚度的杉木，涂上带有红褐色的黑漆；正面描绘了金色的"福"或"寿"的图案。棺材内铺上锯末，将遗体固定。如果长时间将遗体存放于寺庙，则用石灰代替锯末。遗体一旦装入棺材，便掀去脸上覆盖的布。同时，丧主用棉花蘸取白酒，擦拭遗体的耳朵、眼睛、嘴巴，祈祷来世投胎时耳聪目明、口齿伶俐。此外，有时也会在死者的手中塞进钱币，佩戴生前的首饰，装上常用的物品。

纸厝①（纸制的房子，在葬礼上为死者焚烧）

棺材放在台子上，前面设有供品桌，在香炉里点上线香，点燃一对白蜡烛，两侧放上白莲花摆件。

死者死后的第三天，有迎接亡灵的"接三"仪式。按照迷信的说法，人死后，灵魂前往彼岸，在第三天时登上"望乡台"，眺望自己家中的情况。家里男孩越多，所登上的台阶就越高，能够清晰地看到自己的家。据说生前人们

---

① 纸厝，即冥宅，在民间一般称为"灵厝"，献给刚到冥府的先人使用。

更希望生下男孩就是因为这个缘故。于是,看到家人围着自己的遗体悲伤地哭泣,这才第一次确认了自己的死亡。因此要回一次家,做最后的告别。

在这一天,面向马路的门前支起帐篷,由丧事乐队吹奏音乐。摆放了用芦苇或高粱秆扎成的纸糊车、马、人物等。这些物品都是向专业的制作商"冥衣铺"订制的,为死者在彼岸生活方便而提供房子、家具、车、马、男佣等。今天,在香港及东南亚的华侨圈,非常流行制作奔驰、大型喷气式客机。这么说起来,日本也常常使用奔驰运送灵柩车。这或许是遗属希望至少在死后能够乘上高级车与飞机吧。然后,请僧侣道士各七至九人,多的时候十五人进行诵经,并演奏笙、筚篥①、笛子、铜钹、大鼓等乐器,迎接亡灵,进行超度。灵前供奉食物与酒水。

前来吊唁的宾客几乎都是亲近的朋友。到了夜里,以灯笼开道、葬礼乐队为首,后面跟着遗属及手持线香的亲戚朋友,然后是帮工挑着纸糊的车、马、人物,末尾是吹奏乐器的僧侣道士。队伍缓缓地向着寺庙或附近的广场行

---

① 也称管子。双簧管乐器,即觱篥。多用于军中和民间音乐。流行于中国各地,为汉族、维吾尔族、朝鲜族等多民族所喜爱。

进,焚烧纸糊的物品,送别亡灵,这叫作"送三"。

这天夜里,在家中举行"放焰口"的仪式,由僧侣道士吹奏、诵经,祈祷冥福,直至深夜;并向恶鬼施食,保护亡灵在前往彼岸的途中不受恶鬼之侵扰。

在这一仪式结束之后,重大的葬礼会每隔七天举行"理七"的法供[①],一般葬礼就只需等待出殡之日。

可与大名队列[②]匹敌的送葬队伍

在出殡的前一天,众多的亲戚与朋友出席,举办盛大的诵经仪式。太阳西沉,日光变得昏暗,这时候将纸仓库搬到广场上。里面装满了纸作的元宝(古代货币,将金银铸成粒状),同"送三"的时候一样,焚烧纸仓库。夜间守灵。出殡当天,由阴阳师事先择定时刻。

---

① 法供(梵语:Pūjā,或 pūjanā;巴利语:pūja、pūjanā),又叫供养、供奉、供养法会、作供、供施、供给、打供、供,佛教术语,是指对佛法僧三宝的供奉。

② 大名,是指江户时代拥有 1 万石以上领地和巨大俸禄,与德川将军建立直接主从关系的日本各地有力的武士、武家。大名队列,指的是江户时代大名正式外出时的队列,代表性的是参勤交代的行列。1615 年武家诸法度限制骑数,之后也屡次限制随从的人数。以 1721 年为例,20 万石以上骑马 15—20 人,足轻 120—130 人,中间足 250—300 人。

送葬队伍的规模根据死者的贫富、社会地位的差异而有所不同，有十余人的，也有可与大名队列匹敌的成百上千人。

送葬队伍的开路人是长着一张红脸、面容恐怖的大型纸糊人"开路神"；敲着铜锣的男子与手持标语牌一般黑色长方形板子的男子站在队列的前头，板上写有死者的官职与地位。其后，依次为二到四张写着"肃静"与"回避"的黑色方板、灯笼、三角旗、四角旗、伞，各一对或二对、三对，而后是送葬乐队。这之后又是旗、扇，然后是长柄斧、钺①等武器，以及其他仪仗。跟在后面的是僧侣、道士、随葬品、纸作男佣女佣、莲花、棺木轿。轿子上的红布绣有蓝色、金色的纹样，比日本的灵柩轿要大一两圈。沉重的棺材就好像完整地放进一个长方形的凉亭似的，根据仪式的规模与经济条件，分别由八人或十六人、三十二人的"杠夫"（抬棺材的人）抬轿。资金的情况也决定了棺材的重量，因此也会出现没有轿子，只有四人抬着光秃秃的棺材出殡的葬礼。棺材以脚朝前、头朝后的方向抬着，

---

① 古代兵器，青铜或铁制成，形状像板斧而且较大。

这是希望人可以一路向前走。①"杠夫"一律身穿绿衣黑鞋，头戴黑帽，帽子上插着羽毛，只有头顶是红色。

轿子的后方是挂着白色帷幔的幌车，载着女性遗属与亲戚，女人们都在大声哭泣。这个习俗可以说是中国葬礼的特征，不可或缺。如果没有女性遗属，甚至还会出钱雇用临时的"泣女"。队伍的最后是参加葬礼的普通宾客的车子，车上不挂帷幔。

出殡

到了出殡的时刻，从家中将棺材抬上轿子，遗属大声痛哭，依依不舍地告别。最前面的子孙，将遗体旁边焚

---

① 一般都是小头（脚）朝前，大头（脑）朝后。意思是送亡灵一直朝前走，不让其回转过来，否则不吉利。

烧黄表纸的瓦盆与供奉米饭的碗扔在地上，摔得粉碎，这叫作"摔盆"。按照世俗的说法，在死者前去来世投胎的半路上放着一碗"迷魂汤"。死者赶路口干，很喜欢喝这个。但是，一旦喝下去，就忘记了前世之事，变得糊里糊涂，无法分辨投胎伟人的道路，甚至有时候还会误入歧途，变成动物或蝼蚁。因此，思念父母的子孙们为了不让故人发生这种事，就打碎饭碗与盆子等容器，不让其喝下"迷魂汤"。

摔盆后，子孙们在轿子前列队。两个头儿敲打着像梆子一样的东西，轿夫们听此信号，步调一致地缓慢行进。丧主拿着用金纸装饰的白纸旗"领魂幡"与白纸卷成的"哭丧棒"，在两个陪护人的搀扶下边哭边走。白纸旗上写着死者的姓名、生年月日时以及死亡的年月日时等信息。就这样，丧主一直引导至墓地是其作为子孙的最重要的任务。

送葬队伍在行进的途中，举旗和举伞者将直径十二三公分、中间挖了一个正方形洞的黄表纸"纸钱"纷纷撒向空中。这是因为在肉眼看不见的地方常常隐藏了恶魔与饿鬼，可能会阻碍送葬队伍，撒这些纸钱是为了收买他们，所谓前往墓地的通行费。

在送葬队伍通行的道路两侧，朋友们准备了临时茶桌，为遗属及参加者提供茶水。

土葬的规矩

送葬队伍抵达墓地后，先头的"开路神"绕着事先做好的墓穴走一圈，驱赶恶魔。墓穴主要用砖瓦制作而成，现代则使用混凝土制作。首先，往墓穴上播撒大量的纸钱，在棺材正面和侧面放上装入了食物与水果且用红布封好的罐子，一同埋葬。据说这是为了万一死人复生，可供其食用，不过这种说法比较牵强。棺材上面放好丧主拿着的"领魂幡"，两侧点上油灯，在僧侣道士的诵经声中缓缓地用砖瓦堵上墓穴。

两侧的油灯成为祭奠死者的长明灯。这是因为灯火的燃烧，使得墓穴中的氧气逐渐消失殆尽而成为接近真空的状态，具有防止腐败的效果。

墓穴填埋结束意味着丧主为故人最终的尽孝，首先用铲子铲了土浇在墓上。帮工们将墓上的土堆成高高的馒头形状，埋进某某之墓的石碑。墓建好后，在旁边焚烧纸做的随葬品、人物等物品，摆上供品，点燃线香，一边哭泣，一边与故人做最后的告别。埋葬的仪式结束后，在家院里支起帐篷，款待参加葬礼的亲戚朋友吃素菜宴席。家属回到家后，拿着刀在罐子或盆子边假装磨二三次，照照镜子，吃一粒冰糖。磨刀是为了恐吓恶魔，照镜子是为了清楚地确认退避幽灵，吃冰糖是表示亲人亡故的悲伤已经凝固成为过去。

埋葬后的第三天，全家人要一起去扫墓，这叫作"圆坟"。将供品、线香、蜡烛等物品供奉于墓前，焚烧黄表纸，祈祷故人在彼岸幸福。这一天要将包了木耳馅儿的包子埋在墓的两侧。木耳长得像人的耳朵，所以迷信认为死去的人也能听到外面的声音。之后，分别在三七（二十一）、五七（三十五）、七七（四十九）以及第六十天的时候前去祭扫。

特别是在五七与六十日这两天要举行隆重的祭扫仪式。在死后的第三十五天，供奉与三七时一样的食物，还要焚烧纸伞与穿着红衣的少年人偶。并且，女性越多参加越好，摆上大量的假花。送伞的意思是在死者前往遥远的阎王殿的途中，为其遮蔽强烈的日光。

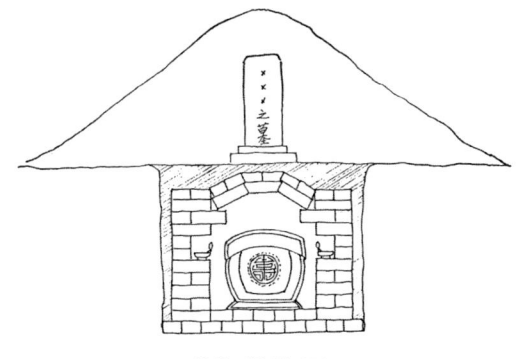

墓地下的断面图

中国认为，阴间有十殿阎王：秦广王、初江王、宋帝王、伍官王、阎魔王、卞城王、泰山王、平等王、都市王、转轮王。人死后，亡灵每七天就要接受一次阎王的审判。遗属为了消除死者的罪孽，每隔七天便要诵经、祭拜。五七第三十五天，是第五个阎王阎魔王的审判，对于亡灵来说也是最可怕的判官。不过，据说这个阎王因为没有女儿，所以对女孩特别亲切；又因为他很喜欢花，所以人们在这一天供上花朵，让很多女孩参加祭拜。至于送红衣少年仆人，是为了在第五个阎王的面前不碍眼。民间流传着这么一首歌：

五七三十五，

　　亡人来受苦。

　　女儿来送花，

　　少打二十五。

第六十天要在墓前供奉食物，将"冥衣铺"制作的两座桥和一艘船进行焚烧，以供故人渡过彼岸的"奈河"。"奈河"是一条血河，潜伏了很多恶魔与毒蛇。有罪的人在通过此地时，几乎都会掉进河里，饱受折磨。遗属为了让亡人顺利渡河，便诚心诚意地送上桥与船。这些纸道具制作得非常精细，船上乘着导游或船长，桥上站着手持旗帜的引路人。

等到第六十天的仪式结束，死后的仪式才算告一段落。此后就是一周年忌、三周年忌、五周年忌。遗属们从这一天起脱去粗布丧服，换上普通的衣服。但是，根据与死者的亲疏关系一年或三年服丧不等，因此身穿镶有白边的素衣，在帽子与鞋子上贴上白布都表示服丧中的意思。

现代葬礼

今天,除了少数地方与农村,均已采取火葬的形式,并且随着生活方式的改变,葬礼也发生了很大变化。

但是,临终的规矩基本没有改变。虽然为死者烧黄表纸、上香等行为被视为迷信活动,一度人数有所减少,不过不知何时起又恢复如常。重要的人死去,灵前却没有供品,没有点灯的萧索风景,对于遗属来说一定难以忍受。所以,依旧要供奉食物,点上蜡烛,点燃指引亡灵的"长明灯"(日夜不熄),焚香,在灵前烧黄表纸,这不仅表达了遗属对死者的追思,也能够让自己的心灵得到舒缓。因此这一风俗是不会轻易改变的。

虽然,与从前一样遗属身穿白色粗布丧服的习惯依旧存在,不过,在今天的城市里,大多在手臂上佩戴黑色袖章以取代白色丧服。这一袖章不仅在葬礼上使用,也可以长期佩戴表示服丧。

从前土葬的时代,为了不让棺材腐朽,能够经受长久的岁月,尽量使用厚重的木材,再涂上一层漆。有的时候还会在表面镶上铜板。但是,在火葬的时候,这些棺材不仅非常可惜,而且还会妨碍死者的焚烧。所以在今天,有的地方会制作较薄的棺材,或者在火葬之前借用气派的棺材,甚至还有不使用棺材直接运往火葬场的方法。如果是土葬所用的厚棺木,里面装入锯末或石灰便可以长久保存尸体。但是在今天使用薄木甚至不使用棺材的情况下,在寒冷地区的冬季,存留时间或许比较长,其他地区一般也就两三天的样子。

在这期间,吊唁、守灵等仪式,与从前相比没有什么差异。不过,线香与黄表纸虽然也照常焚烧,但是纸糊的房子、车、家具、人物等物品,农村或有所保存,城市里已几乎消失不见了。吊唁的客人不再赠送香点或纸品,大多改送绢布或纸做的花圈。花圈的左右两侧,从顶上垂下两条宽幅飘带,飘带上写着死者的名字与赠送人的名字以及哀悼的语言、赞颂死者功德的语句。而诵经,因为僧侣道士稀少,除了少数民族等具有深厚信仰之外,几乎都不再举行。当然,中国对此等行为不鼓励不提倡也是原因之一。

骨灰盒

送葬队伍的变化很大。如果不是在乡下，难以看到从前那种行进的送葬队伍。在城市里，火葬场、墓地也基本都在郊外，无法步行而至。即便在汽车时代的现在，交通情况也限制了从前那种规模庞大的队伍。并且，封建时代堪比大名队列的送葬队，在社会主义中国的国情下也不合时宜。

今天，棺轿与灵柩车也改变了形式。出席的人员分别在手臂上佩戴黑色袖章，胸上别上白花。出殡时，在遗属的哭泣声中将棺材抬上灵柩车；如果没有棺材，将死者从家中运送上车的时候,由四人牵着白布的四个角,像帐篷一般盖住尸体以避开阳光的直晒。当丧主把瓦盆摔碎后便乘上汽车,前往火葬场。悬挂花圈的汽车在前面引领,就像从前送葬队伍一般从车窗抛撒剪成圆形的纸钱。后面跟着灵柩车、遗属乘坐的汽车。如果是巴士类的灵柩车,遗体装入巴士后部区隔开的区域,遗属则乘坐于该车的前部区域。再后面跟着的是出席葬礼的亲戚朋友的汽车。

当灵柩车抵达火葬场,遗体被运至告别室,举行告别仪式。房间的一周摆满了带来的花圈,遗体陈放于透明的玻璃盒内,周围用花朵装饰,奏哀乐。出席者向遗属表达哀悼,对遗体做最后的告别。

告别式结束,遗体运至火化炉进行火葬。

遗骨装进塑料袋,收入饰有相片的雕漆"骨灰盒",寄存于同墓地一般意义的殡仪馆。

最后,置办丧事酒宴,答谢出席者。等到这个仪式结束后,葬礼就全部完成了。之后,每隔七天的祭扫,一般会在三七、五七、七七以及第六十日举行。当然,现代不会像从前那样举行焚烧纸品的仪式,一般就是擦拭骨灰盒,哀悼祈祷。

在殡仪馆的墙壁上虽然写着"禁止供品及点香、烧纸等迷信活动"的警示，但是人们依旧遵循着古老的习俗，点燃线香，焚烧黄表纸，供奉供品，告慰故人的在天之灵。

牌位葬礼

在中国香港、台湾地区以及中国人很多的新加坡等地方，因为与中国大陆的社会制度、生活方式不同，反而保留了较多的古老习俗，延续至今。不过，随着时代的变迁，很多做法与古时的差异很大。另外，即便同为中国人，身在海外的华侨因受其所在国家的文化的影响，虽然存续了中国传统的冠婚葬祭的风俗，但是大致也吸收了所在国的方式。

从前，国内与国外有着国境等限制，即便都在国内，但与父母南北分离生活，当父母去世的时候，往往也会因为交通出行及其他情况不能参加葬礼。这种情况下就会在自己居住的城市另外举行没有遗体的葬礼，这叫作"望空"。葬礼的规模与正式的仪式完全相同，区别只在于用"牌位"与照片替代遗体。

奏哀乐、诵经。与普通葬礼一样，亲戚朋友们赠送香点与"丧幛"，亦有纸糊物品。遗属身穿白色丧服，在牌位与照片前守灵。送葬队伍中没有棺材轿子，代之以牌位轿子，由四人抬着。送葬队前往墓地，埋牌位，建坟墓，立墓碑。

今天，有时候还能看到这种牌位葬礼的仪式，不过已相当简化。尤其在大城市，基本都改成了追悼会的形式。

追悼会（1920年左右的北京）

为了祭奠死去的亲人而立牌位的习俗，在民间流传着这样的故事。

从前，在天台山生活着母子二人。家境贫寒，过着吃完上顿没有下顿的日子。母亲因为长年累月的辛劳，虽然还未到五十岁，身体竟十分消瘦，形容憔悴。

儿子是个身强力壮的青年，性格却异常粗暴。随着年龄的增长，他越来越听不进母亲的话。每次从外面回来，便会蛮横地使唤母亲："吃饭！倒茶！"稍有一点不满意，还会打骂她。母亲每天都胆战心惊地看着儿子的脸色，度日如年。她一想到自己含辛茹苦地养育儿子，最后却落到这样的待遇，只觉得生无可恋，不知道跳了多少次河，上了多少次吊，但每次都被邻人给救下。

一天，儿子出门去砍柴。临走前对母亲喊道："老不死的！我去东山砍柴，你早点做了午饭给我送过来！"

母亲听到这句"老不死的"，心中万分悲伤，含着泪点头答应了。儿子走了后，母亲越想越难过。"老不死的，他就是希望我早点死啊。"母亲流着泪做好了饭。

儿子进山了。山中有一棵巨大的樟树，喜鹊在上面筑了一个脸盆那么大的鸟巢。儿子抬头一看，正巧天空中飞来一只喜鹊妈妈，她口中衔着虫子，落到了鸟巢上。小喜鹊们见到妈妈来了，高兴地啪啪地拍打翅膀，黄色的小嘴张得大大的，叽叽喳喳地叫个不停。

儿子坐在树下的石头上休息，将此场景尽收眼底。喜鹊妈妈飞走了又飞回来，没有一刻停歇。刚开始的时候，儿子还在数着一次、两次……五次……十次，到后来已经不知道喜鹊妈妈到底飞了多少次了。

突然，砰的一声，从天上掉下一个黑乎乎的东西，落在他的脚边。竟然是喜鹊妈妈。她口中还衔着虫子，啪嗒啪嗒扇着翅膀，拼命地想要飞起来。可是筋疲力尽的她，怎么也站不起来。儿子看着她可怜的样子，于心不忍，把喜鹊妈妈放入怀中，爬上树，放回了鸟巢中。

喜鹊妈妈在鸟巢中拼尽了最后的力气，将嘴里衔着的虫子喂给小喜鹊。随着一声悲鸣，咔哒一声，垂下了脑袋，死了。小喜鹊们悲伤地围着妈妈的身体，鸣叫不止。

儿子不由得流下了眼泪，这才恍然大悟。这个喜鹊妈妈为了哺育孩子，工作到生命的最后一息。鸟兽尚且懂得母慈子孝的道理，那自己算个什么东西！看起来人模狗样，但是在如此贫困的状态下长大，还不都是靠了母亲的辛劳吗——从小母亲便像给小鸟喂食一般地养育自己，可是自己非但不孝顺，还整天粗暴待她。这是人做的事吗？他在心里面想了又想，又继续爬山，下决心今后要好好孝顺母亲。

正巧这时候，母亲挎着饭篮子沿着山路爬了上来。儿子一回头，看到母亲好不容易来到了樟树下。他看着母亲的样子,就好似刚才的喜鹊妈妈。儿子向母亲飞奔而去,因为跑得太慌忙,忘记了手中还拿着扁担。

母亲突然看到儿子拿着扁担跑过来,吓得魂飞魄散,以为他是来杀自己的。年轻时丈夫早早离世,自己含辛茹苦,好不容易把孩子养育成人,却要杀自己,实在是太无情了。不如一死百了,她一头撞向了樟树。

当儿子跑到跟前,母亲已经倒在了血泊之中。儿子抱着母亲的尸体放声痛哭,可是母亲再也听不见儿子忏悔的哭泣了。

儿子用砍柴刀砍下了母亲撞头的那棵树,刻上了母亲的名字,制作了牌位,并在家中祭拜,早晚奉上茶水与饭菜,以弥补自己的罪过。

后　记

　　我小学读的是一个教会学校。每周日在教会礼拜之后，都会唱着"捐钱快乐，捐钱快乐"的歌曲从捐款箱的前面走过。这时候我将口袋中仅有的一点钱放进箱子，心里十分快乐。没有钱的时候，我也会向朋友借了钱放进去。是神的好孩子。圣诞节时会制作灯笼；用纸裁剪出长了翅膀的天使，挂在圣诞树上；点燃蜡烛，领了一堆零食开心地吃。我也很喜欢过年。与平时不同，人们忙忙碌碌，精神抖擞地准备过年的气氛；贴上新墙纸、装饰一新的房间；吃着美食，穿上漂亮的衣服……一切都焕然一新，令我十分欣喜。

　　可是，有一件事是我非常苦恼的。那就是除夕夜必须与家人一同提着灯笼上街；朝着日历上所写的方位，焚烧黄表纸，跪接神灵。那个时候，我总是随便地鞠躬行礼，口中喃喃自语，祈祷神灵的原谅："我的神灵是耶稣。这个神仙是我家的神仙。我虽然鞠躬但我信的是耶稣啊！"或许是因为这个原因，每次我来到祭坛前看着祭拜的福神画像前，总觉得福神的眼睛在瞪着自己，诡异又恐怖。

渐渐长大后，我对神的感觉也变得"有耶无耶"无所谓了，唯独对于婚礼与节日等活动很感兴趣。有一次，我跟母亲一起去农村的阿姨家玩，正巧附近有人家在做白事（丧事），比我大一岁的表哥带我去了墓地。仪式结束，进入埋葬流程时我还是不愿意回家。表哥生气了，一个人先走了。阿姨问他："弟弟呢？""一块儿被埋在墓中了！"居然这么诅咒我，坏蛋哥哥。

这些冠婚葬祭的活动对于大众而言，具有无法割裂的密切关系。正是因为有了这些活动，生活才富于变化，才能度过有滋有味的人生。

我的一个朋友（华侨）去世了，他的日本太太将丈夫一半的遗骨送回了中国的故乡。故乡的弟弟们与成为养子的外甥、亲戚，为遗骨举行了庄严的葬礼，不仅建有墓地，也竖起了石碑。日本太太非常感动，回来后，她将参加葬礼的照片自豪地传给亲戚与朋友们看。对于太太而言，这必定成为一段回忆。而对于故乡的弟弟们，也将成为心灵的慰藉吧。

民间的冠婚葬祭，可谓是从生活的智慧中诞生，其中有人情、有礼仪，当然也含有迷信的因素。然而，作为一种仪式综合考虑，可以说，冠婚葬祭的风俗是民族文化之一，特别是与这些风俗相关的传说都是歌颂勤劳大众、惩罚恶人的故事，充分反映了民众的心愿，是重要的文化遗产。

于是，我希望能够为大家提供一些参考，便依靠自己有限的知识与资料写了这本书。然而，中国幅员辽阔，民族众多，拥有不计其数的风俗习惯，这本书简直就是"九牛一毛"，只能做有限的介绍，实为遗憾。不过，正如中国俗语中所说的"抛砖引玉"，如本书能够引发诸位老师的佳作，我将不胜荣幸。

此外，对于为本书的出版付出诸多努力的东方书店八木宽先生、马场公彦先生以及编辑部的诸位老师们，致以真诚的感谢。

一九八八年三月

著者

图书在版编目（CIP）数据

中国的冠婚葬祭 / 丁秀山著；李艳丽译. —北京：商务印书馆，2023
（世说中国书系）
ISBN 978-7-100-10545-3

Ⅰ.①中… Ⅱ.①丁… ②李… Ⅲ.①婚姻－风俗习惯－介绍－中国 ②葬俗－介绍－中国 Ⅳ.①K892.22

中国国家版本馆CIP数据核字（2023）第029699号

权利保留，侵权必究。

世说中国书系
中国的冠婚葬祭

丁秀山 著

李艳丽 译

商 务 印 书 馆 出 版
（北京王府井大街36号 邮政编码 100710）
商 务 印 书 馆 发 行
三河市尚艺印装有限公司印刷
ISBN 978－7－100－10545－3

2023年4月第1版　　　开本 787×1092　1/32
2023年4月第1次印刷　　印张 6　5/8
定价：38.00元